Dirk Grosser

Selbst ein Anfang sein

Eine mystische
Kosmologie
der Möglichkeiten

ARUN

Dirk Grosser (*1971) schreibt für verschiedene spirituelle Magazine, ist Co-Autor diverser Bücher (u.a. mit Wolf-Dieter Storl) und seit einigen Jahren im Verlagswesen tätig, wobei er vorrangig Bücher zu Naturspiritualität und den mystischen Zweigen der Weltreligionen lektoriert, bearbeitet und herausgibt. Seine zweite große Leidenschaft gehört der Musik: Er hat in verschiedenen Bands gespielt, an den Soundtracks zu zwei Dokumentarfilmen mitgewirkt, spirituelle Seminare auf Darbuka, Djembé und Cajon begleitet und gemeinsam mit der Trommelgruppe *Viatores* die CD „Donnerseele" veröffentlicht.

Er ist Vater zweier Kinder und lebt auf einem Pferdehof am Rande Bielefelds.

www.wilde-weisheit.de
www.meine-meditation.de
http://wildeweisheit.blogspot.com

Arun-Verlag, Engerda 28, D-07407 Uhlstädt-Kirchhasel,
Tel.: 036743-23311, Fax: 036743-23317
e-mail: info-@arun-verlag.de, www.arun-verlag.de
Baumvignette: © Piotr Przeszlo - fotolia.com.
Autorenfoto: Björn Gaus, www.bg-fotodesign.de.
Umschlagmotiv: © mammuth - www.istockphoto.com.
Gesamtgestaltung: Stephan Pockrandt.
Gesamtherstellung: GGP Media GmbH, Pößneck.

ISBN 978-3-86663-059-8

Unsere Heimat heißt Verzauberung.
Brian Swimme

Hast du das goldene Herbstlicht gesehen,
zwischen den bemoosten Gestalten des Waldes?
Heute ist ein guter Tag.
Das Fell meines Hundes schimmert
wie die Rüstung eines mykenischen Kriegers,
Und mein Herz tanzt
den Berg hinauf.

Inhaltsverzeichnis

Vorwort

Seit ewigen Zeiten erzählen Menschen Geschichten. Unzählige Geschichten über den Ursprung der Welt, die Beschaffenheit des Kosmos, die Rolle der Götter und die der Menschen in diesem unendlichen All wurden an Lagerfeuern, an Küchentischen und auf Bettkanten überall auf der Erde erzählt. Immer waren diese Geschichten auch gleichzeitig die Geschichten der Erzähler selbst. Ihre Herkunft, ihr Denken und ihr Erleben drückten sich in den Bildern aus, die sie mit ihren Worten vom Kosmos malten.

Auch mein Buch erzählt vom Kosmos und von mir selbst.

Nachdem ich ein Philosophie- und Theologiestudium abgebrochen und danach ein Jahrzehnt spirituelle Bücher lektoriert und herausgegeben habe, bin ich mit so vielen Theorien und Konzepten über die Welt in der wir leben in Kontakt gekommen, dass ich mich mehr und mehr fragte, wo in all diesen Gedankenkonstrukten mein Platz sei und was ich eigentlich wirklich über das Heilige und den Menschen dächte. An welche Theorie konnte ich glauben und wo konnte mein geistiges und spirituelles Zuhause sein?

Wie so viele Menschen unserer Zeit bin ich in keiner bestimmten Religion aufgewachsen oder anderweitig verwurzelt, was sicher einen Großteil meiner spirituellen Irrfahrt erklärt, sich letztlich aber als großer Vorteil erwies. Denn je mehr ich über alle Traditionen, die mir begegnet waren, nachdachte, desto mehr warf ich ohne schlechtes Gewissen über Bord, weil es mir nicht essenziell für meine eigene Suche erschien. Spirituelle Konzepte kamen mir immer mehr wie Hindernisse auf dem Weg vor – geistige Betonblöcke, die sowohl die Welt als auch meinen Platz in ihr verstellten. Das Schreiben dieses Buches war somit ein Prozess des Reduzierens auf das für mich Wesentliche und gleichzeitig ein Versuch der Selbstverortung.

Je mehr ich mich bemühte, die Dinge zu sehen wie sie sind, desto mehr begriff ich, dass es eben *genau diese Dinge* waren, um die es mir ging und nicht die Theorien, die ihnen übergestülpt wurden. Und so schrumpfte das Buch immer weiter, während ich versuchte meinen Blick auf das, was IST, freizulegen und mithilfe einer meditativen Geisteshaltung zu dem vorzudringen, was mein Innerstes mit dem Innersten des Kosmos und dem Innersten jedes lebenden Wesens verbindet.

Nun liegt das Ergebnis vor und ist eine Momentaufnahme meiner Reise, ein Bild, welches ich am Wegrand aufgenommen habe und welches sich von hier ab weiter entwickeln wird. Wohin diese Reise letztlich führt, weiß ich nicht. Deshalb überrascht mich selbst jeder weitere Schritt und lässt mich staunen. Genau darum geht es.

Es ist *meine* Geschichte über den Kosmos und ich finde mich und meinen Weg in ihr wieder. Diese Geschichte kann Sie womöglich inspirieren, Sie ermutigen oder auch verärgern, aber sie enthebt Sie nicht von der Aufgabe Ihre eigene Geschichte zu erzählen und dem Leben so zu begegnen wie nur Sie es können.

Dirk Grosser
Bielefeld, Sommer 2011

Einleitung – Im freien Fall

Zu sein, was wir sind, und zu werden, was wir werden können,
ist der einzige Sinn des Lebens.
Robert Louis Stevenson

Uns selbst treu sein und einen Weg gehen, der uns in die Weite und in die Freiheit führt, wahrhaftig sein und immer mehr sowohl in die eigene als auch in die Tiefe des Seins als solchem vordringen, jeden Moment schätzen lernen und Dankbarkeit dem Kosmos und dem Leben gegenüber entwickeln, uns selbst und andere lieben, dabei Freude und Kraft atmen ... – das bedeutet für mich, wirklich spirituell zu leben!

Die Masken fallen lassen. Offen aufeinander zugehen. Unsere Erfahrungen miteinander teilen und voneinander lernen. Uns nicht von anderen abgrenzen müssen. Nicht eng im Herzen werden, sondern es durch die eigene Beziehung zum Universum, die jeden anderen individuellen Weg wertschätzt, immer offener werden lassen. Uns die Hände reichen. Liebe finden, Frieden stiften.

Wie können wir dieses Ideal erreichen, was vermutlich sehr viele Menschen haben, aber doch offenbar nicht leben können?

Wie können wir uns miteinander verbinden, für das große Ganze einstehen und dennoch ganz wir selbst, mit allen Aspekten unserer Individualität bleiben? Wie können wir uns selbst als Holon entdecken, in dem ALLES enthalten ist und welches dieses ALLES auf seine ganz eigene Art lebt?

Religionen und Philosophien versuchen seit langer Zeit, darauf eine Antwort zu geben, doch lange bevor sich die einzelnen Religionen, wie wir sie heute kennen, gebildet hatten, gab es schon die Mystik, die stille Vereinigung mit dem Urgrund allen Seins. Die Mystik war lebendig, bevor die Weltreligionen entstanden, sie war stets im Untergrund dieser Wege auffindbar und sie wird auch noch blühen, wenn die einzelnen Religionen ihre letzte fruchtbare Kraft verlieren und nur noch Museumsstücke sind. Sie entstand in Nächten, in denen die Welt tief atmete, auf dunklen Ebenen an einsamen Lagerfeuern, auf hohen Bergen, die in den Sonnenaufgang getaucht waren, in Wäldern, die vor Leben brodelten und in Wüsten, in denen die Stille sprach.

Wir finden sie innerhalb jeder Tradition in den Spuren von Menschen, die ihre eigene Beziehung zum Strom des Heiligen, der durch den Kosmos fließt, lebten und diesen nicht durch die Staudämme etablierter Religionen und gesellschaftlicher Konventionen hindern lassen wollten und konnten.

Während die klassische Theologie unterschiedliche Konzepte präsentiert, über die diskutiert, gestritten und manches Mal sogar Kriege geführt wurden und werden, betont die Mystik das *Erleben* des geheiligten Kosmos, welches schließlich alle Gottesvorstellungen hinter sich lässt und in eine bewusste Schau des hier und jetzt Gegebenen mündet. In diesem direkten Erleben lösen sich die trennenden Konzepte der unterschiedlichen Religionen auf – hier ist nur noch eigenes Erleben einer nährenden Stille. Diese Stille ist von einem personalen Gott befreit, dessen Ursprung als psychologische Projektion unserer selbst begriffen wird. Die Mystik hat keine heiligen Bücher, deren Inhalt nicht angezweifelt werden dürfte, weil jedem Mystiker bewusst ist, wie wenig seine Sprache ausreicht, um das Erlebte auszudrücken. Stattdessen hat die Mystik Staunen, Verwunderung, unzählige Rätsel, innere Ergriffenheit und die zärtliche Berührung des weiten Raums, der uns umgibt und erfüllt.

Jeder der großen Religionsstifter war ein Mystiker, der in Kontakt mit dem kosmischen Strom des Seins war, ganz unabhängig davon, wie er es benannte. In ihren Versuchen, die eigene Erfahrung mitzuteilen, griffen diese Menschen meist auf Geschichten, auf Gleichnisse oder auf Poesie zurück – alles Arten des Erzählens, die viel Raum zwischen den Worten freigeben, damit sie vom Hörer mit eigenen Bildern des Herzens gefüllt werden können. Gleich wie das Erlebte bezeichnet wurde, ob Gott, Tao, Leere oder reines Sein, der Name war stets nicht die Sache selbst.

War Buddha ein Buddhist?

War Jesus ein Christ?

War Laotse Taoist?
Muss ich *irgendetwas* sein?

Wenn die Illusion der Trennung endet, treten wir gemeinsam mit allen Menschen, egal welcher Religion oder Lebensanschauung sie angehören, in den Raum der Einheit.

Den Raum, den vor uns schon so viele Mystiker betreten haben. Den namenlosen Raum, von dem Buddha als auch Jesus sowie Laotse sprachen. Den Raum, den sowohl die keltischen Druiden als auch die germanischen Walas und die Brahmanen Indiens vor uns betraten und dessen Deutung sie uns in den jeweiligen Überlieferungen hinterließen. Nur in diesem Raum kann wahrer Friede und wahre Freiheit sein. Religionen und Philosophien sind im besten Falle Türen[1], die zu diesem Raum führen, aber es macht wenig Sinn, sein ganzes Leben vor einer wenn auch noch so schönen Tür stehen zu bleiben und diese zu bewundern. Wir müssen die Tür öffnen und den Raum dahinter betreten...

Dieser Raum ist Leere, ohne Bezeichnungen, ohne Konzepte. Wir treten über die Schwelle und fallen. Das mag sich zuerst nicht sonderlich angenehm anfühlen – Ängste kommen hoch, vielleicht sogar Panik... Vielleicht versuchen wir nach vermeintlichen Sicherheiten zu greifen, doch letztlich greifen wir nur ins Leere.

Irgendwann spüren wir jedoch, dass dieser freie Fall genau der Ausdruck von Freiheit ist, den wir immer gesucht haben. Wir begreifen, dass dieser Fall nicht enden wird, dass der offene Raum des *Geheiligten Universums* unendlich groß ist, wir nicht am Ende hart aufschlagen werden, weil es kein Ende gibt... Wir können wirklich loslassen und den Flug genießen! Einen Flug, der uns in die Tiefe unseres Selbst und in die Tiefe all dessen führt, was ist. Einen Flug durch den Kosmos, der in jedem Moment das Leben in allem, was ist, berührt.

Dann können wir der Welt ein einzigartiges Geschenk geben: uns selbst. Wir müssen uns an kein System anpassen, wir müssen keine vorgegebene Rolle spielen – wir müssen unsere Menschlichkeit mit allen Fehlern und Schwächen, aber auch mit allen Stärken und Gaben erkennen und anneh-

---

1 Im schlimmsten Fall sind sie die Schlösser und Riegel dieser Türen, die eigentlich jedem Menschen offen stehen sollten.

men. All das gehört auf dieser Reise dazu, ist Ausdruck der Vielfalt in der Einheit. Unsere Einzigartigkeit macht diesen Kosmos noch einzigartiger und besteht jenseits von Ideen, Theorien und Modellen. Wir brauchen weder Masken noch Namen, sondern nur die Wirklichkeit selbst. Wir können die namenlose Kraft, die uns auf unserer Reise durch den Kosmos begegnet, einatmen und uns von ihr durchströmen lassen. Diese Zugehörigkeit, die jenseits von Begriffen existiert, stärkt und verwurzelt uns, indem sie uns fühlen lässt, wie unser Herz im Einklang mit dem Rhythmus des Lebens als solchem schlägt. Gleichzeitig können wir diese Kraft durch unsere Gedanken, Worte und Taten wieder ausatmen und versehen mit unserer individuellen Färbung dem Leben zurückgeben. Die Wirklichkeit lebt und wirkt durch uns, die wir als Teil eines unermesslichen Kreislaufs die Grenzen unserer vorgefassten Begrifflichkeiten hinter uns lassen.

Mystik fängt dort an, wo Bezeichnungen enden. Dort beginnt auch dieses Buch, welches mit Worten zu beschreiben versucht, was im Innersten seiner selbst unaussprechlich ist[2]. Der Mystiker erfährt die eigene Beziehung zum Universum, welche sich in einer Kosmologie ausdrückt, die ihn immer tiefer in das Sein hineinführt. Die Kosmologie des Mystikers ist keine theoretische Abhandlung, sondern eine lebendige Begegnung. Sie ist aber auch nicht reine Subjektivität, sondern bezieht Erkenntnisse aus Natur- und Geisteswissenschaften mit ein. Sie entwickelt sich aus Wissenschaft, Kunst, Philosophie, authentischer Spiritualität und echter Erfahrung und beeinflusst diese gleichsam.

Kosmologie und Mystik verbinden sich zu einem Weg in die Tiefe des Lebens, das eine kann ohne das andere nicht sein. Gemeinsam sind sie Ausdruck des *Geheiligten Mensch-Seins* in einem *Geheiligten Universum*. Geheiligt sowohl als aktive Tätigkeit unseres eigenen Segnens als auch als passives Erfahren einer gründenden Heiligkeit des Kosmos und all seiner Wesen. In dieser beidseitigen Erfahrung wird unser Herz größer und offener, so dass wir irgendwann gemeinsam mit dem großen Dichter Walt Whitman sagen können: „Mein Herz ist weit. In mir hat vieles Platz."

2 Mir ist das Paradoxe dieses Versuchs durchaus bewusst, aber Menschsein beinhaltet oft ein großes „Trotzdem". Wir möchten mitteilen, was nicht gesagt werden kann, möchten teilen, wofür wir keinen Ausdruck finden. Unsere Sprache ist unzulänglich und doch… Es ist wohl so wie mit dem Schreiben von Liebesgedichten: Sie zeugen von Liebe, können diese aber niemals definieren. Kein Grund mit dem Schreiben von Versen aufzuhören!

Wozu Kosmologie?

Der Kosmos ist vielmehr,
als dass er sich jenseits und außerhalb von uns erstreckt,
allem immanent, was wir berühren, wovon wir sprechen und träumen.
Jeder einzelne Moment ist eine Tür zu einer sich entfaltenden,
grenzenlosen Unendlichkeit.
Eberhard Sens

Der Kosmos ist der gesamte Weltraum, folglich ist die Kosmologie die Wissenschaft, die sich mit allem, was es gibt, beschäftigt. Sie untersucht den Ursprung, die Natur und die evolutionäre Entwicklung des Universums. Gleichzeitig meint das altgriechische Wort *kósmos* auch eine (Welt-) Ordnung, in die alles Geschehen eingefügt ist und die der Mensch, um „richtig“ oder „naturgemäß“ leben zu können, erkennen und in seiner gewählten Existenz entsprechend adaptieren muss. Kosmologie ist auf der einen Seite also Wissenschaft, die astronomische, physikalische und mathematische Inhalte hat, auf der anderen Seite meint sie eine Lebenskunst, die die Erkenntnisse der genannten Forschungsgebiete aufnimmt und aus diesen ein Weltbild inklusive Philosophie, Spiritualität und Ethik ableitet.

Die Schöpfungsgeschichten der verschiedenen Traditionen sind kosmische Mythen. In ihnen wird ein Versuch unternommen, zu beschreiben, wie das Universum entstanden ist, woher wir kommen, wo unser Platz und unser Wert ist, welche Aufgabe uns zufällt und wohin wir gehen bzw. wohin wir uns entwickeln. Diese Ideen, die sich über Jahrtausende immer wieder verändert haben und weiter verändern, beeinflussen unsere Psyche, unser Kunstverständnis, unsere Religionen und die Richtung, in die sich die Wissenschaften entwickeln oder die sie ablehnen.

Das Bild, das wir von der Welt, vom Universum, vom Kosmos haben, bestimmt unser empfundenes Verhältnis zur Welt und unser Verhalten in ihr. Dieses Bild entscheidet darüber, ob wir uns in unserem Innersten verbunden oder abgetrennt, geborgen oder einsam fühlen.

Es gibt eine Sicht der Welt, die besagt, dass wir auf einem Staubkorn am Rande einer Galaxie leben, die ihrerseits nur eine von Milliarden weiterer Galaxien in unserem Universum ist. Sie besagt, dass unser Dasein Zufall ist und wertet dieses Sein als unbedeutend im Vergleich zum riesigen Universum.

Eine andere Sicht der Welt besagt, dass ein allmächtiges Superwesen, dieses Universum aus dem Nichts geschaffen und uns in sein Zentrum gesetzt hat. Laut dieser Theorie ist der Mensch die sogenannte Krone der Schöpfung und der ganze Rest unseres Universums (immerhin eine momentan von uns beobachtbare Ausdehnung von 46 Milliarden Lichtjahren) dreht sich einzig und allein um ihn und die Aufgabe, die er auf dieser Welt zu erledigen hat, bevor er wieder in seine wahre Heimat, in das himmlische Jenseits seines Gottes zurückkehren darf.

Aus diesen unterschiedlichen Weltbildern resultieren unterschiedliche Empfindungen und Verhältnisse zur Welt, doch beide Sichtweisen sind letztlich destruktiv. Im ersten Fall fühlt der Mensch sich verlassen und einsam, durch Zufall in ein Leben geworfen, das er nicht gewählt hat, ausgesetzt auf einem unbedeutendem Planeten, umgeben von ebenso unbedeutendem Streben und Mühen seiner Mitmenschen. In dieser Weltsicht liegt kein tieferer Sinn, nichts gibt dem Geschehen eine Bedeutung. Wir werden zufällig geboren, leben ein paar Jahrzehnte, werden alt und krank, und wenn dann irgendwann die Lichter ausgehen, hinterlassen wir nichts von bleibendem Wert. Alles ist sinn- und zwecklos, denn alles geht doch nur vor die Hunde. Wozu lieben, wenn die oder der Geliebte doch von vornherein zum Nichts verurteilt ist? Wozu die Natur schützen, wenn letztlich doch alles den Weg ins Nichts nimmt? Alles ist zufällig, alles stirbt, nichts ist von Dauer, nichts ist sinnvoll. Diese kosmologische Depression führt zu einem Desinteresse an der Welt, zu mangelndem Mitgefühl und zu Fatalismus, einer Ergebenheit in ein sinnloses Schicksal. Hier sehen wir deutlich, wie sehr das Weltbild, die eigene Kosmologie, das Verhalten in der Welt bestimmt.

Im zweiten Fall scheint die Lage erst besser zu sein, denn alles hat vermeintlich Bedeutung und Sinn. Doch schaut man genauer hin, wird schnell klar, dass auch diese Weltsicht die Welt zerstört. Hier ist der Mensch das Zentrum und Maß aller Dinge. Ein allmächtiges Wesen hat ihn als „Meisterstück" gefertigt und in eine unvollkommene Welt gestellt, in der er sich der Anfechtungen und Verlockungen seines Egos sowie der Welt selbst erwehren muss. Alles ist auf ihn hin geschaffen und er ist das oberste Glied einer hierarchischen Kette des Lebens. Gleichzeitig sieht der Mensch, dass alles endlich ist, was er als ernsthafte Kränkung seines doch im Zentrum des Universums und von Gott höchstpersönlich meistgeliebtem Wesens wahrnimmt. Diese Kränkung führt zusammen mit der mit ihr einhergehenden existenziellen Angst zu einem Erklärungsmodell, welches das Endliche als unbedeutend, das Unendliche aber als bedeutend versteht[3]. Der Sinn wird nun nicht mehr im Diesseits sondern im Jenseits entdeckt. Die Welt ist eine Prüfung und wer diese besteht, darf zu Gott zurückkehren. Wer jedoch nicht besteht, muss leider hier bleiben, in einem Jammertal, in dem alles dem Tode geweiht ist. Warum sich also um die Welt kümmern, wenn sie letztlich doch nur den Sündern vorbehalten ist? Warum den niederen Wesen Rechte einräumen und den eigenen Vorteil zurückstellen, wenn man doch von Gott den Auftrag erhalten hat, sich die Erde untertan zu machen?

Ich gebe zu, diese beiden Beispiele sind überspitzt dargestellt, sind zwei Pole, zwischen denen ein weit gestreutes Spektrum verschiedener Kosmologien liegt, doch sollen sie zeigen, dass sowohl eine nihilistische als auch eine fundamentalistisch-religiöse Weltsicht in ihren Grundstrukturen zerstörerisch sind. Wir sehen hier deutlich wie Kosmologien den eigenen philosophischen und psychologischen Standort und unsere Beziehung zu unserer Welt definieren, wie daraus ein Verhalten erwächst und welche Folgen dieses Verhalten haben kann.

Schlechte Kosmologien führen zu einem schlechten Leben, das Leid für uns und andere erzeugt. Gute Kosmologien führen zu einem guten Leben, welches offen und mitfühlend das Gesamtbild zu sehen versucht und entsprechend handelt.

Die in diesem Buch vorgestellte Kosmologie der Teilhabe und Entfaltung ist ein Weg, sich von Nihilismus, Sinnlosigkeit und Bedeutungslosigkeit abzuwenden ohne sich den Versprechungen der Religionen anzuvertrauen, die letztlich unsere eigene Freiheit untergraben, welche jedoch eine zentrale Stellung für die Stiftung unseres eigenen Sinns und unserer eige-

3 Dieses Missverständnis geht auf Platon zurück, dem die abstrakten Ideen wichtiger waren als das konkrete Sein.

nen Bedeutung einnimmt. Gleichzeitig macht sie klar, dass dieses Universum – wenn auch leer von Göttern – keinesfalls eine tote und kalte Maschine ist, sondern ein lebendiges System, das sich selbst organisiert, erhält und entfaltet. Ein Universum, das uns weite Heimat ist und in dem wir mit jedem Tag auf unserer Wanderschaft entdecken können, was es heißt, ein Mensch zu sein.

Schauen wir uns hierzu erst einmal statt eines Schöpfungsmythos eine kosmische Geschichte der Entfaltung an…

Entfaltungsgeschichte statt Schöpfungsmythos

Es gibt eine Theorie, die besagt, wenn jemals irgendwer genau herausfindet, wozu das Universum da ist und warum es da ist, dann verschwindet es auf der Stelle und wird durch noch etwas Bizarreres und Unbegreiflicheres ersetzt. Es gibt eine andere Theorie, nach der das schon passiert ist.
Douglas Adams

Stellen Sie sich das Nichts vor. Nicht einen Raum ohne irgendeinen Inhalt, sondern das Nichts, welches ohne Raum existiert. Ich gebe zu, das ist nicht ganz einfach – genaugenommen ist es sogar ganz unmöglich – aber versuchen Sie es dennoch. Nähern Sie sich dieser Vorstellung von absoluter Abwesenheit von Etwas so gut Sie können. Erst mit dem Urknall entstehen der Raum, die Materie und auch die Zeit. Ihr Ursprung ist eine sogenannte Singularität, was wohl das Rätselhafteste in unserem an Rätseln nicht eben armen Universum ist. Die Singularität ist ein Zustand, in dem Masse und Raumzeit in einem winzig kleinen Punkt mit extremer Dichte zusammenfallen. Stellen Sie sich die komplette Masse des heute existierenden Universums auf die Größe eines Stecknadelkopfes komprimiert vor[4]. So viel Masse auf so engem Raum schafft natürlich eine heikle Situation – man kennt das aus überfüllten Nahverkehrsmitteln. Irgendwann gibt es eine gewaltige Explosion, einen Sturm ins Sein, mit dem alles Leben seinen Anfang nimmt. Ein Energiestoß unvorstellbaren Ausmaßes, der jedoch in absoluter Stille geschieht, denn es war noch kein Bewusstsein im Universum vorhanden, welches die Schallwellen dieser Explosion durch sein sensorisches System aufgenommen und als Klang hätte interpretieren können. Dennoch sprechen wir vom Urknall, wobei wir uns auch hier vergegenwärtigen müs-

4 Es war alles noch viel kleiner, aber da die offiziellen Größenangaben der Forschung ohnehin unsere Vorstellungskraft über- bzw. unterschreiten, soll das hier keine Rolle spielen.

sen, dass die Urknall-Theorie einfach die Theorie über die Entstehung des Universums ist, die zurzeit die meisten Fürsprecher hat.

Nach diesem Urknall, der nach unserem heutigen Wissensstand vor 13,7 Milliarden Jahren stattfand, entwickelt sich alles auf verblüffende Weise immer weiter, was ich nun SEHR vereinfacht und verkürzt darstellen möchte. In der irrsinnigen Hitze von 10^{32} Grad Kelvin nach dem Urknall bilden sich die ersten Teilchen und verglühen sofort wieder. Es sind die ersten Testballons der Manifestation. Die Explosionswucht lässt das Universum auseinanderdriften, sich ausdehnen, wobei die Temperatur abnimmt und Teilchen bestehen können. Das Universum streckt seine Fühler in das Unbekannte aus, die Energie geht auf Wanderschaft. Protonen und Elektronen bilden sich, doch der Hauptbestandteil des Universums ist Strahlung, da die Temperaturen für stabile Teilchen immer noch zu hoch sind. Nach 10.000 Jahren kühlt das Universum weiter ab und die Energiedichte der Strahlung sinkt unter die Energiedichte der Materie. Nun kann es also richtig losgehen und schon nach 400.000 Jahren können sich erste stabile Atome bilden. Da die Materie nun die größere Energiedichte hat, entsteht die Gravitation, d.h. Atome ziehen sich gegenseitig durch ihre Masse an und verbinden sich miteinander. Das ist der Beginn späterer sichtbarer Materie. Riesige Gaswolken bilden sich, die Gravitation wird höher und die Gaswolken kollabieren und bilden die ersten Sterne. Riesige Gebilde, um vielfaches größer als unsere Sonne, in deren Innerem ein immenser Druck aufgebaut wird, so dass Kohlenstoff, Eisen und Sauerstoff durch Kernfusion entstehen. Diese Sterne sind aufgrund ihrer Größe extrem instabil und explodieren nach relativ kurzer Zeit, wobei sie die in ihnen entstandenen Elemente in den Weltraum schießen. Diese Elemente treffen nun auf andere Gaswolken, die Temperatur nimmt weiter ab und kleinere aber langlebigere Sterne bilden sich aufgrund der Gravitation. Die ersten Kugelsternhaufen entstehen, die später zu den ersten Galaxien werden.

Die Kräfte der Gravitation und der Zentrifugalkraft wirken immer weiter und lassen irgendwann auch unsere Galaxie – die Milchstraße – entstehen. Unsere Sonne erscheint als Folge eines nuklearen Fusionsprozesses, Masse sammelt sich in ihrem Umfeld als sogenannte Protoplaneten. Einer dieser Protoplaneten ist die Urerde, die noch nichts mit unserem Planeten, wie wir ihn heute kennen, gemein hat. Es gibt noch keine feste Oberfläche, sondern nur flüssige Elemente[5], die jedoch schon selbst Gravitation erzeugen und weitere Masse aus dem Weltraum anziehen und somit weiter anwachsen. Durch weitere Abkühlung verfestigen sich nach und nach die einzelnen Schichten der Erde, die äußerste Schicht wird zur Erdkruste, auf der wir heute Weizen anbauen, Hochhäuser errichten und Schlitten fahren.

Nach einer scheinbar endlosen Zeit, in der allerdings niemand da war, der sich hätte langweilen können, verbinden sich die Elemente auf unserer Erde zu einzelligen Lebewesen – das Universum nimmt die Gestalt von Bakterien und Eukaryoten an, später wird es zu Pilzen und den ersten vielzelligen Tieren. Das Experiment Evolution beginnt. Pflanzen tauchen auf, Fische, Amphibien, die ersten geflügelten Wesen. Reptilien, Dinosaurier, die ersten Säugetiere. Die Vielfalt explodiert immer weiter in immer komplexere Formen und komplexere Verhaltensweisen. Primaten entwickeln sich, richten sich auf, damit sie in der Steppe ihre Feinde eher entdecken können, entwickeln einen opponierbaren Daumen und mit ihm besseren Gebrauch von Werkzeugen, entdecken die Macht des Feuers, seine Wärme und sein Licht in der Nacht, an dem man sich versammeln kann. Die Jagdmethoden verbessern sich, die Nahrung wird dadurch eiweißhaltiger, was ein Wachstum des Gehirns zufolge hat, welches sich wiederum in den Kreislauf aus besseren „technischen" Möglichkeiten, dadurch resultierender besserer Nahrungsversorgung, erhöhter Fortpflanzung und weiterer Entwicklung einreiht. Das Gehirn wird größer, die Nahrung wird aufbereitet, gekocht, gebraten, so dass diese Frühmenschen nicht mehr eine stark ausgeprägte Kiefermuskulatur für das Zerteilen und Kauen erbeuteten Fleisches benötigen. Die Kiefermuskulatur macht Platz, der Rachenraum vergrößert sich, der Kehlkopf sinkt ab und irgendwann kann der erste Urmensch so etwas sagen wie „Also, wenn ich heute keine Mammut erlege, mache ich eine Psychoanalyse!"

Der Tod wird bewusst wahrgenommen, Bestattungsriten entstehen, die Menschen fragen sich, was nach ihrem Tod passiert. Naturphänomene wie Blitze, Donner, Sonne, Mond und Sterne werden zu Gottheiten, erste Rituale entstehen.

Nahrung wird knapp und die Frühmenschen ziehen von Afrika aus nach Norden in das heutige Europa und Asien, schließlich über die zu-

---

5 Es sind die gleichen Elemente vorhanden, die wir auch heute kennen, aber aufgrund der hohen Temperaturen alle in flüssiger Form.

gefrorene Beringstraße auch nach Amerika. Immer komplexere Kulturen entstehen durch die erst dörfliche und später städtische Ansammlung von Menschen in der Übergangszeit vom Jäger und Sammler zum Erntebauern. Nahrung kann nun bevorratet werden, die Vorräte des Feindes können zerstört werden. Die Götterwelt wird komplizierter, hauptberufliche Verwalter des Unerklärlichen schwingen sich zu wichtigen Mitgliedern der Gemeinschaft auf. Religionen entstehen. Megalithkulturen bauen Steinkreise wie Stonehenge, die Ägypter bauen die Pyramiden, Anaximander entwirft in Griechenland erstmals ein Weltbild, welches rein physikalisch aufgebaut ist, Buddha wird geboren, Alexander der Große errichtet ein Weltreich und versäuft es, Aristarchos von Samos spricht von einem heliozentrischen Aufbau unserer Galaxie und wird der Gottlosigkeit beschuldigt, Jesus wird geboren und umgebracht, das römische Reich breitet sich aus und bringt das Christentum bis nach Irland. Das geozentrische Weltbild des Ptolemäus setzt sich als Welterklärung allgemein durch. Das römische Reich zerfällt, mit ihr die Antike und fließend warmes Wasser, Körperhygiene und Toleranz gegenüber Andersdenkenden sind zumindest in Europa für ein paar Jahrhunderte völlig außer Mode. Die Menschen schauen in den Himmel und staunen. Sie sehen die Bewegung der Planeten und versuchen diese mit den Weltdeutungen des Christentums in Einklang zu bringen, was nicht so recht funktionieren will. 1543 erklärt Nikolaus Kopernikus ein heliozentrisches Weltbild, welches von Thomas Digges weiterentwickelt wird. Giordano Bruno landet für seine Behauptung, das Universum sei unendlich und enthalte unendlich viele Sonnen und Planeten auf dem Scheiterhaufen. Doch das Bewusstsein, durch dass das Universum sich selbst erkennt, hört nicht auf zu forschen und zu fragen. Tycho Brahe, Johannes Kepler, Galileo Galilei – der Kosmos manifestiert sich in immer weiterführenden Gedanken über seine eigene Natur. Das Mittelalter vergeht, die Neuzeit beginnt und mit ihr sinkt die Macht der Kirche, die durch Reformation und Aufklärung weiter geschwächt wird. Gedanken lassen sich nicht mehr verbieten, das freie Forschen gewinnt immer mehr an Bedeutung, während Adel und Klerus immer mehr an Boden verlieren. 1789 wird Freiheit durch die Französische Revolution zum höchsten Wert in Europa. Die Naturwissenschaften werden immer wichtiger, wir entdecken das Öl, entwickeln Verbrennungsmotoren, fliegen zum Mond, werden immer neugieriger, bauen das Hubble-Teleskop und das Universum kann sich durch den Spiegel unseres Bewusstseins erstmals selbst ins Gesicht schauen. Ihre Großmutter wird geboren, heiratet, gebärt ihre Mutter, die wiederum Ihren Vater heiratet. Nach einer tollen oder auch weniger tollen Nacht, tauchen Sie als winziger Zellhaufen im Uterus Ihrer Mutter auf. Sie durchlaufen im Schnelldurchgang die Phasen der menschlichen Evolution, Kiemen werden zu Lungen, Augen entwickeln sich, Ihr Gehirn wächst, Sie drehen sich um (oder auch nicht) und erblicken das Licht der Welt. Sie schreien ein paar Monate herum, bis Sie merken, dass Sie mit gesprochenen Sätzen Ihre Bedürfnisse besser formulieren und somit schneller befriedigt bekommen, gehen in den Kindergarten, in die Schule, ärgern sich über Pickel, verlieben sich, bekommen eine Zahnspange, verlassen die Schule, ergreifen einen Beruf oder drücken sich an der Uni herum, heiraten vielleicht, bekommen selber kleine schreiende Wunder geschenkt, lesen dieses Buch und befinden sich im Hier und Jetzt.

Das Buch liegt in ihren Händen, Sie fühlen den Umschlag, das Papier, sehen die Buchstaben, können aufgrund eines funktionierenden Neokortex Wörter und Sätze aus den einzelnen Buchstaben bilden und lesen eine Geschichte über sich selbst. All das Beschriebene auf den letzten Seiten ist nicht nur die Geschichte des Universums, sondern auch Ihre Geschichte. Die erste Singularität explodiert in ein sich frei entfaltendes Sein hinein, welches nach 13,7 Milliarden Jahren zu Ihrer Existenz führt. Vielleicht fänden Sie es persönlich befriedigender, wenn ein allmächtiger Gott das alles vor 6.000 Jahren innerhalb von sechs Tagen erschaffen hätte. Doch der Prozess, den ich geschildert habe, ist weitaus realistischer und mindestens genauso wunderbar und bedeutungsvoll. Außerdem können Sie, Ihr Denken, Ihre Kosmologie und Ihre Spiritualität, die auf dieser Kosmologie aufbaut, Teil der modernen Welt sein ohne eine Spaltung in sich selbst erzeugen zu müssen, die irgendwie versucht, im 21. Jahrhundert mit dem kosmologischem Glauben des 5. Jahrhunderts v.Chr. zu leben und das eigene Sein und die Welt mithilfe dieses Glaubens zu deuten.

Sie können sich selbst als Teil der Entwicklung des Universums verstehen. Sie können die Elemente, die nach dem Urknall entstanden sind, in Ihrem eigenen Körper wiederfinden. Sie können die Evolution des Menschen in Ihrer pränatalen und frühkindlichen Phase sehen, Sie können die Geistesgeschichte der Menschheit in Ihrer eigenen Entwicklung und Ihrem natürlichen Drang nach Freiheit, Wissen und Weisheit entdecken. Sie können das Staunen der Menschen aus allen Epochen im Angesicht der Phänomene der Natur erleben, Sie können Ihren Geist mit dem offenen Raum des Universums verbinden und die Stille, die zwischen den Sternen existiert in Ihrem Inneren wirken lassen.

Beginnen Sie mit einem Blick nach oben…

Die erste Erfahrung

Überraschung ist nicht mehr als der Anfang jener Fülle,
die wir Dankbarkeit nennen.
David Steindl-Rast

Wer hat nicht schon staunend unter dem nächtlichen Sternenhimmel gestanden, das Funkeln von Millionen Lichtern bewundernd und dennoch wissend, dass all diese Pracht nur einen kleinen Ausschnitt aus einem unermesslichen Universum darstellt?

Entfernungen, Zeitabstände, Größe und vor allem Schönheit lassen uns verstummen – unser Geist versinkt in einem Meer aus Galaxien...

Dies ist meist die erste mystische Erfahrung vieler Menschen, obwohl kaum jemand sie so nennt. Nichtsdestotrotz ist es genau das: vor dem Unbegreiflichen wird der Mensch still, die immer wiederkehrenden Gedankengänge werden leiser und leiser, bis wir in eine Stille geführt werden, in der das Numinose Raum hat, in uns einzubrechen – die grundlegende Erfahrung der mystischen Einheit, jenseits von Bezeichnungen, die wir dieser Erfahrung geben könnten.

Der Beobachter verliert sich im Objekt der Beobachtung, er wird eins mit der bloßen Wahrnehmung. Li Po, ein chinesischer Dichter aus dem 8. Jahrhundert, drückt diesen Vorgang sehr schön aus:

Wir sitzen zusammen
Der Berg und ich
Bis nur noch der Berg da ist

Dieses aus dem Staunen geborene Stillwerden, diese Einheitserfahrung mit dem Kosmos, ist die jeder Spiritualität zugrunde liegende Erfahrung. Der Mensch findet in der Stille seinen Platz in der Welt, seine Zugehörigkeit, die ihm Antworten auf die Frage nach dem Woher und Wohin bietet, oder aber die Frage so weit in den Hintergrund rückt, dass das Verlangen nach Antworten obsolet wird.

Durch diese Erfahrung, die auf tiefster Ebene in uns wirkt, entdecken wir, dass wir lebendiger Teil einer kosmischen Entfaltung sind, dass wir *im* Kosmos sind und ihn nicht von außen beobachten. Wir entdecken, dass wir an grundlegenden Qualitäten des Seins teilhaben, dass in uns selbst und in allem was lebt, der offene Raum des Bewusstseins, erkannt werden kann.

Das, was uns alle grundlegend miteinander verbindet – jenseits jeder Theorie, Religion, Philosophie oder Kultur -, ist die schlichte Tatsache, dass wir *hier* sind. *Hier* an diesem Ort im Universum. Wir sind gemeinsam auf diesem Planeten, gemeinsam in dieser Welt, diesem Kosmos. Gemeinsam mit allen anderen Wesen auf diesem Planeten rasen wir mit 107.000 km/h um die Sonne. Wir stammen von demselben Ort, unser Ursprung ist dieselbe Singularität, unsere Entwicklung ist den gleichen Gesetzen der Evolution unterworfen.

Wir können in der mystischen Schau, in dem Moment der Stille, erfahren, dass die Natur unser aller Mutter ist – dass es eine unsichtbare Nabelschnur gibt, die uns alle mit dem Urgrund und deshalb auch miteinander verbindet.

In uns ist der Ursprung enthalten, tief eingewebt in unsere Zellen, in unsere Gedanken und unsere Träume.

Jedes Lebewesen ist zweifellos ein Teil des Universums – und dieses Universum ist Teil von ihm. Das Leben, was das Universum durchwirkt, durchwirkt auch uns. Es ist eine wechselseitige Beziehung – in jedem einzelnen von uns ist die ganze Welt enthalten.

Es gibt Momente, in denen dies ganz klar gesehen werden kann.

Momente, die uns hineinziehen in die Wirklichkeit, wie sie sich in eben diesem Augenblick vor uns ausbreitet und in denen das wirklich *Heilige* des Lebens für uns sichtbar wird. Ein Sonnenaufgang nach einer langen Nacht, der erste Atemzug an einem neuen Tag, ein Tier, welches uns plötzlich im Wald gegenüber steht und ebenso überrascht ist wie wir, ein Lachen, das unsere Traurigkeit durchbricht. Der Moment des Staunens, der die Bewertungen unseres Ego auflöst und uns einfach da sein lässt.

Leider ist die Wertschätzung dieser Erfahrung in den letzten Jahrhunderten gesunken und zugunsten einer Wort- und Verstandesreligion in den

Hintergrund getreten. Eigene Erfahrungen, die ohne priesterliche Vermittlung geschehen, waren nicht im Interesse der auf Machterhaltung ausgerichteten Religionen.

Überall funktioniert Religion nach dem gleichen Schema: Es wird den Menschen eingeredet, es bestehe eine Trennung zwischen ihnen und dem Göttlichen und gleichzeitig wird sogenannte „Hilfe“ angeboten, diese Trennung zu überwinden. Selbstverständlich nicht ohne ein gewisses Entgelt zu verlangen, welches meist im Abgeben der eigenen Verantwortlichkeit und Macht besteht[6].

Um Spiritualität glaubhaft und authentisch lebbar zu machen, bedarf es aber unbedingt der eigenen Erfahrung. Viele Menschen, die dies ebenso sehen, haben sich deshalb in den letzten Jahrzehnten östlichen Religionen zugewandt, in denen die mystischen Zweige nicht unterdrückt wurden, und die eine gewachsene Tradition zur Vermittlung eigener Erfahrungen über die Jahre erhalten haben. Der Chan-Buddhismus in China bzw. der Zen-Buddhismus in Japan sind hier die klarsten Beispiele erfahrungsorientierter Spiritualität.

Aber auch in unserem Kulturkreis ist die mystische Strömung keineswegs spurlos verschwunden – es gibt sie sowohl im christlichen wie auch im naturreligiösen Bereich, und gerade in unserer Zeit kommt es hier zu einer Wiederbelebung. Die Sehnsucht nach Zugehörigkeit und nach einer ursprünglichen Verbindung mit der Natur führen uns auf neue alte Pfade, die es jedem Menschen erlauben, sich selbst als Teil des Kosmos zu erfahren und eine eigene Kosmologie – eine Lehre von der Welt – zu leben, wobei die einzelnen traditionellen Wege nur für eine Zeit lang als Hilfen oder grobe Orientierungen dienen können, als Boot, welches uns über den Fluss trägt und das am anderen Ufer der Erfahrung getrost zurückgelassen werden kann. Das, was IST, die Welt der Phänomene, die uns umgibt, lädt uns ein, in ihr all das zu entdecken, wonach wir uns immer schon sehnten. Die Phänomene, die einfach vorhanden sind und ohne unsere Benennung und Einordnung in einen religiösen Kontext auskommen.

---

6 In Bezug auf die christlichen Kirchen ist diese Struktur mittlerweile vielen Menschen bewusst. Dass die Lehre des jeweils neuen Lieblings-Gurus einem ähnlichen Schema folgt, bleibt dem Bewusstsein oft verborgen.

Auf der Suche nach einem geistigen Zuhause steht der Weg in die Natur jedem Menschen offen. Der Sternenhimmel ist frei verfügbar, verlangt nichts von uns, bietet sich einfach dar. Der dunkle Mantel des Nachthimmels umfängt alle Wesen, hüllt sie ein in das Wissen um ihr wahres Zuhause.

Wir können aus Deutschland, Frankreich, der Schweiz oder England in die Sterne schauen – und unsere Blicke können sich am großen Bären oder an Kassiopeia oder Orion treffen. Wir schauen und erleben, egal von woher wir kommen, egal, welchen Hintergrund wir mitbringen.

Übung: Einem Stern entgegengehen

Gehen Sie an einem wolkenlosen Abend in die Natur. Entfernen Sie sich so weit als möglich von der Stadt und ihrer Lichtverschmutzung. Genießen Sie die Luft und die Stille der Dämmerung. Vielleicht können Sie eine Waldlichtung aufsuchen, einen großen Park, einen Hügel am Stadtrand oder vielleicht sogar einen Berg. Suchen Sie sich einen Platz, an dem Sie für ca. eine Stunde ungestört sein werden und machen Sie es sich dort auf einer Decke bequem. Warten Sie. Beobachten Sie, wie das Sonnenlicht verblasst. Irgendwann ist es dunkel genug, dass Sie das Licht des ersten Sterns wahrnehmen können. Er erscheint plötzlich in Ihrer Wahrnehmung, in Ihrem Bewusstsein. Sein Licht war aufgrund der immensen Entfernung zur Erde Jahre unterwegs, bevor es auf Ihre Netzhaut traf und als Phänomen in Ihrem Gehirn verarbeitet wurde. Nehmen Sie wahr, wie das Licht in Ihnen erscheint, wie das Licht dieses Sterns in Ihnen geboren wird. Stellen Sie sich vor, wie weit dieses Licht gereist ist und wie weit Ihre eigene Wahrnehmung in diesem Moment reicht. Spüren Sie, wie Sie sich ausdehnen und wie Ihre Seele dem Licht dieses Sterns entgegenwandert. Stellen Sie sich das All vor, soweit Ihnen das möglich ist. Stellen Sie sich die unglaublichen Entfernungen vor, die Größe unseres Planeten, unseres Sonnensystems, unserer Galaxie… Stellen Sie sich vor, dass dort draußen Milliarden anderer Galaxien in einem ständigen Tanz miteinander verbunden sind. Mitten in diesem Tanz *sind* Sie – von kosmischer Musik und den Gezeiten des Lebens umgeben. In diesem Augenblick, in dem Ihr Blick auf Ihren Tanzpartner fällt, der viele Lichtjahre entfernt und dennoch Ihrer Seele so nah ist.

Wenn Sie sich selbst im Tanz mit dem Universum entdecken, werden Sie feststellen, dass Bezeichnungen Ihrer selbst, wie Ihre Nationalität, Ihr Geschlecht, Ihre politische Orientierung, Ihre sexuelle Ausrichtung etc. an Wichtigkeit verlieren. All das ist noch da, alle kleinen Identitäten sind nach wie vor vorhanden, doch Ihre wahre Identität öffnet sich in der Weite des Alls und erfährt den Geschmack der Einheit. Ihr innerster Kern erwacht und in der Zugehörigkeit zu diesem grenzenlosen Kosmos entdecken Sie, dass Ihre eigenen Grenzen verschwinden. Die mystische Erfahrung öffnet Ihren Geist und zerbricht nach und nach die Grenzen Ihres Denkens, befreit Ihr Herz und lässt Sie in reinem Gewahrsein dessen, was ist, ruhen.

Alles kann Sie zu dieser Erfahrung der Zugehörigkeit führen: der Anblick eines Berges, das Rauschen des Meeres, die Wärme der Sonne auf Ihrer Haut, der Ruf eines Mäusebussards, das Lesen und Nachempfinden eines spirituellen Textes. Wenn Sie sich berühren lassen, erklingt die Melodie des Lebens in Ihnen. Es ist die Melodie des allumfassenden Seins, aus dessen Zugehörigkeit Sie nie herausgefallen sind und auch niemals herausfallen werden. Es ist die Melodie einer wahrhaft teilhabenden Mystik, die sich in Ihr Herz schleicht.

Mystik wird oft in Verbindung gebracht mit Weltabgewandtheit und asketischen Übungen. Verhärmte Gestalten, die den ganzen Tag auf ihrem Betschemel verbringen und sich selbst der Sünde bezichtigen fallen einem ein.

Nichts ist von der Wahrheit weiter entfernt als das!

Nichts bringt einen Menschen näher an die Welt als eine mystische Erfahrung, denn indem ich mich als Teil des *Geheiligten Universums* verstehe, als Facette des Kosmos in dieser Gestalt in dieser Welt, achte ich gleichsam alle anderen Teile dieser Welt als ebenbürtig. Jeder Mensch, jedes Tier, jeder Grashalm und grüne Hügel, jeder Stern und jede Wolke ist ein Ausdruck dessen, was in allem was lebendig ist, lebt und atmet und für das wir keinen Namen haben. Alles ist erfüllt vom Sein, das ganze Universum ist mein Zuhause, alles Lebendige meine Familie. Wir teilen unsere Körperlichkeit mit der Erde und all ihren Wesen. Wir sind Instrumente, gleichzeitig Sender und Empfänger, die durch die Mystik und die mit ihr einhergehenden Erfahrungen immer feiner gestimmt werden.

Der ehemalige Dominikaner Matthew Fox beschreibt diesen Sachverhalt so: „Bei der Mystik geht es nicht darum, dem Körper zu entfliehen, sondern das Wesentliche und das Herz im Körper zu finden, die moralische Entrüstung im Körper, unsere Verbindung zur Erde durch den Körper, unsere sexuelle Kraft im Körper, unsere Stimme im Körper, die Zusammenarbeit von rechter und linker Hirnhälfte in unserem Körper und unsere Verbindung zum Kosmos, zu den Ahnen und den Geistern im Körper."

Wir wohnen uns immer mehr in unseren Körper ein und kein noch so glorreiches Jenseitsversprechen kann ihn uns verachten lassen. Wir wissen gleichzeitig um seine Heiligkeit wie auch um seine Vergänglichkeit, wissen, dass wir diesen Tempel irgendwann werden verlassen müssen. Wir wissen, zur Heiligkeit, zum Heilsein gehören sowohl unsere Körperlichkeit als auch unser Bewusstsein und eine innere Empfindungsfähigkeit, unsere Auseinandersetzung mit unserer Endlichkeit und unsere Verbindung zu einer Quelle, die zugleich in uns wie außerhalb von uns zu entspringen scheint.

Das Göttliche, das Tao, der Kosmos, der Weg, der Urgrund, der Sinn – egal wie wir es nennen, diese Worte bezeichnen alle die Quelle des Seins, welche grundsätzlich frei ist. Frei zu sein, was immer sie will, frei sich zu entwickeln, frei zu spielen, frei neue Formen zu erfinden und neue Schönheit hervorzubringen. Frei von unseren Fragen, frei von unseren Antworten. Frei von unserem Ja, frei von unserem Nein, von unseren Begierden, von unseren Abneigungen. Frei von unseren Zweifeln, frei von unserem vermeintlichen Wissen. Die Quelle ist einfach da – das Dasein als solches, welches sich fortwährend entfaltet.

Wir haben Anteil an dieser Entfaltung, ob wir wollen oder nicht, weil wir Teil dieser Welt sind, Teil des Kosmos, Teil der Entwicklung. Ob wir leben oder sterben, ob wir arbeiten oder nichts tun, ob wir die äußere Welt erforschen oder die Welten in uns selbst – *wir können nicht nicht teilhaben.*

Das Leben strömt durch uns hindurch, die Quelle sprudelt in unserer Seele, so wie sie in allem sprudelt, was ist. In dieser Erfahrung macht uns die Mystik lebendiger als wir jemals waren – wir wachen auf zu einer großen Freude, die wir mit anderen teilen können.

Mit jedem Herzschlag, der in diesem Moment im Kosmos erklingt - von der großen dumpfen Trommel des Elefantenherzens bis zum flirrenden Rhythmus des Kreislaufsystems der Spitzmaus – kann sich Ihr eigenes Herz verbunden fühlen. Mit jedem Atemzug, der in diesem Moment im Kosmos erfolgt – von der Photosynthese des Mammutbaums bis zum Atemzug der Streifengans in über 9.000 Metern Höhe – kann sich Ihr Atem verbunden fühlen. Jeder Herzschlag, jeder Atemzug ist lebendig, ist Teil des Wunders dieser Welt. Alles, was ist, kommt aus der Quelle, aus dem Urgrund, aus dem innersten Wesen des Kosmos und ist Teil der Feier des Lebens. Manchmal kann man an dieser Feier ganz spontan teilnehmen, manchmal braucht man ein wenig Übung, um sich selbst auf dieser Feier zu finden und die Freude im eigenen Herzen zu entdecken. Oft sind wir viel zu beschäftigt, um den Tanz um uns herum zu sehen. Unsere Gedanken stehen uns im Weg, unsere Sorgen und Nöte, aber auch unsere kleinen kulturell geprägten Zugehörigkeiten, die uns den Weg zur großen Zugehörigkeit verstellen.

Gleichmaß im Leben zwischen Askese – was wörtlich übersetzt nur „Übung" bedeutet und nichts mit Geißelung o.ä. zu tun hat – und der Feier des Seins bringt uns in Einklang mit uns selbst und mit allem, was uns umgibt. Wir können eine Kosmologie nicht nur denken, sondern am eigenen Leib erfahren, sie im wahrsten Sinne des Wortes *verkörpern.*

Diese Erfahrung gehört, obwohl sie universell ist und alles mit allem verbindet, ganz uns. Es ist unser Erleben der Einheit, die in diesem Moment in uns stattfindet. Sie verbindet unseren Geist mit dem großen Geist des Universums und wenn wir versuchen, diese Erfahrung in Worte zu fassen, dann können wir das nur mit unseren ganz eigenen Worten. Niemand außer uns kann unsere universelle und doch einzigartige Erfahrung ausdrücken. Keine Religion, keine Philosophie, keine Sekte, keine Ideologie ist uns so nah wie wir selbst und unser Erleben, welches uns im tiefsten Inneren berührt. Wir sind lebendige Sinnbilder der Worte des Physikers David Bohm, der sagte: „Das Individuum ist universell, das Universum ist individuell."

Im Mosaik des Lebens ist unsere Erfahrung des Urgrunds ein wichtiger Stein, ohne den das Bild nicht vollständig ist. Wir brauchen nicht fünf Weltreligionen, sondern 6,5 Milliarden einzigartige Zugänge, um uns dem gesamten Bild des Kosmos anzunähern. Wir brauchen die Freiheit jedes einzelnen Geistes, um die Freiheit zu erkennen, die allem im Kosmos zugrunde liegt.

Freiheit und Achtsamkeit

Freiheit ist ein Gut, das durch Gebrauch wächst,
durch Nichtgebrauch dahinschwindet.
Carl Friedrich von Weizsäcker

Wir sind Ausläufer eines sich frei entfaltenden Kosmos, Speerspitzen des Potentials. Unser Geist ist ebenso offener Raum wie es das Universum ist. Wenn unsere konstruierten Begrenzungen wegfallen, wenn unser tönernes Gefäß aus Konzepten zerbricht, verbindet sich der Raum, der vorher eingeschlossen und begrenzt war mit dem universellen, unbegrenzten Raum. In diesem Raum existiert alles. In diesem Raum ist Vielfalt das oberste Gebot, denn gäbe es im Universum nur ein Element, wäre Leben unmöglich. Die Vielfalt und die richtige Komposition der Elemente hat das Leben hervorgebracht. Diversität ist die Grundlage des Seins und des Wachstums.

Unser eigenes Wachstum braucht die Vielfalt unserer wirklichen Erfahrungen, die nicht durch einen unbeweglichen Geist abgetötet werden. Nur ein freier Geist macht wirkliche Erfahrungen und lässt sich auf Veränderungen ein. Ein dogmatisch eingesperrter Geist kann nichts erfahren, denn sein ganzes Denken und Empfinden unterliegt der Zensur des Dogmas.

Freiheit bedeutet, eigene Entscheidungen treffen zu können, die nicht von irgendeiner Form sinnvorgebender Institutionen abhängig sind. Das bezieht sich auf Entscheidungen moralischer Natur aber auch auf die Entscheidung, wie wir unsere Welt sehen. Auch hier treffen wir eine Entscheidung, deren Grundlage unser eigenes Forschen und unser eigenes Erfahren sein sollte. Freiheit bedeutet zu wählen, Freiheit bedeutet aber auch Verantwortung. Ich wähle, die Welt in einer bestimmten Weise zu sehen. Dadurch wähle ich auch ein bestimmtes Verhalten in der Welt.

Der Krieg, in dem ich kämpfe, ist mein Krieg, nicht der meines Landes oder meiner Regierung, erst recht nicht ein Krieg im Namen Gottes. Meine Kaufentscheidungen sind trotz aller psychologischen Finesse der konsumorientierten Gesellschaft meine Entscheidungen. Bin ich frei, so bin ich nicht in allen Verhaltensweisen durch Instinkte gezwungen, sondern verfüge über die Möglichkeit der Selbstreflexion und der Entscheidung zu einem Ja oder Nein. Natürlich hat auch der Mensch Instinkte, das lässt sich nicht leugnen, aber er kann diese Instinkte beobachten und verstehen und sein Verhalten um seine Instinkte herum neu ordnen.

Die Freiheit, die dem Menschen innewohnt, öffnet viele Möglichkeiten. Viele Wege tun sich auf, nicht nur eine ausgetretene Spur, auf der wir alle laufen müssen.

Freiheit ist der Gegenentwurf zum Fatalismus, wie ihn erstarrte Religionen gerne predigen und welcher jahrhundertelang Menschen zu willfährigen Dienern bestehender Verhältnisse degradierte, die ihr *fatum*, ihr Schicksal, ihr *kismet* geduldig und meist leidvoll ertrugen. Diese Zeiten sollten endgültig vorbei sein, doch die Komplexität unserer modernen Welt scheint für manche Zeitgenossen dermaßen überfordernd zu sein, dass sie sich wieder in die Fänge dieser Lehren begeben.

Manche Philosophien öffnen nun einmal Tür und Tor für geistigen Missbrauch. Theorien, die die Willensfreiheit des Menschen infrage stellen, sind oft für Menschen attraktiv, die keine eigenen Entscheidungen treffen wollen. Sie sind auch anziehend für Menschen, die eine existenzielle Angst vor Fehlern, die sie begehen könnten, haben oder für Menschen, die sich niemals ändern wollen und die es ablehnen zu wachsen.

Fatalismus ist Feigheit vor dem Leben, nichts weiter!

Wenn z.B. die indische Advaita-Lehre besagt, dass ALLES einfach ein Geschehen ist, dann heißt das nicht, dass alles vorherbestimmt ist und so geschieht wie es soll, sondern nur, dass der Ablauf der karmischen Geschehnisse keinem moralischen Imperativ untersteht.

Hier geht es schlicht um Ursache und Wirkung ohne Vorstellungen von Gut und Böse. Allerdings gibt es Menschen, die „Das Geschehen“ als Ausrede für ihr eigenes Handeln oder Nicht-Handeln missbrauchen. Sie selbst sind nicht der Handelnde, sondern ein deterministisches Konstrukt lenkt ihr Verhalten. So negiert man seine eigene Verantwortlichkeit – und tritt die Freiheit mit Füßen.

Es gab, gibt und wird immer Menschen geben, die ihre Freiheit nur zu gern abgeben, einfach weil ihnen ihr eigenes Dasein zu anstrengend ist. Doch diese Freiheit des Geistes ist das größte Geschenk, was uns das Universum und die Evolution gemacht hat. Ein Geschenk, das wir annehmen und leben sollten.

Vorgefertigte Religionen erscheinen oft wie Abkürzungen oder wie bewährte Wege, auf denen schon andere „erfolgreich" gegangen sind. Doch in Wirklichkeit kürzen diese Wege gar nichts ab – sie umgehen auf komplizierte Weise die eigene Erfahrung und halten den Menschen davon ab, seine eigene Beziehung zum Kosmos zu entdecken. Religionen sind Umwege um unser Herz herum – die Freiheit, die uns das nackte Bewusstsein des offenen Beobachtens schenkt, ist dagegen eine Weise direkt in unser Herz zu fallen.

Unser Herz empfängt den Segen des Universums direkt und unverstellt. Gleichzeitig segnen wir das Universum durch unser Bewusstsein und unser Erkennen. Der Kosmos *und* ich werden in dieser Beziehung geheiligt.

Der Kosmos selbst - in seiner freien und ungehinderten Entfaltung – ist heilig. Unsere Freiheit ist ein Teil dieser freien und ungehinderten Entfaltung. Geben wir die Freiheit unseres Geistes ab, hindern wir die Entfaltung. Wir hemmen die Vielfalt und beharren auf der Gleichförmigkeit. Wir stellen uns gegen das Leben und dienen dem Tod.

Der Kosmos benötigt kein außerhalb von ihm stehendes Superwesen. Wenn Sie so wollen, ist der Kosmos selbst Gott[7]. Darum leben Sie und ich IN Gott und müssen uns in keiner Sekunde als getrennt von ihm fühlen. Wir müssen keine Gebete sprechen, denn unsere Gedanken finden IN Gott statt. Wir brauchen keinen Priester und keine Religionen, die eine vermittelnde Position zwischen uns und Gott einnehmen, denn zwischen uns und der Quelle des Lebens, die manche Gott nennen, ist nicht der geringste Abstand, absolut nichts, was zu überbrücken wäre. Da gibt es keinen Abstand

---

7 Hier steht der Begriff „Gott" (in Ermangelung eines besseren Wortes) einfach als Summe all dessen, was lebt, wächst, wirkt und stirbt – es geht nicht um den alttestamentarischen Zausel, der uns angeblich aus Lehm geknetet hat, sondern um eine unpersönliche Quelle des Lebens, die in allem, was ist, entdeckt werden kann und die nur im konkreten Sein existiert und nicht etwa als absolute Realität jenseits vom Konkreten.

und kein Vermissen oder Verloren-Sein, da gibt es keine Entfernung und kein Nach-Hause-Kommen. Es gibt nur Da-Sein!

Eine grundlegende Voraussetzung für diese Freiheit, in der wir und alles andere sein und uns entfalten können, ist die Achtsamkeit. Nur wenn wir unserer selbst gewahr sind, können wir die Momente erkennen, in denen wir nicht wirklich am Dasein teilhaben, sondern uns von Gewohnheiten unseres Denkens und Handelns leiten lassen und somit selbst einen Abstand zum Leben erzeugen, der seiner Natur nach überhaupt nicht gegeben ist. Achtsamkeit ist absichtslose Beobachtung der Wirklichkeit, die sich vor unseren Augen entfaltet.

Jiddu Krishnamurti sagte: „Achtsamkeit ist ein aufmerksames Beobachten, ein Gewahrsein, das völlig frei von Motiven oder Wünschen ist, ein Beobachten ohne jegliche Interpretation oder Verzerrung."

Mit dieser Achtsamkeit sind wir dem offenen Raum des Geistes gewahr, aus dem wir stammen und der immer in uns ist. Achtsam werden wir uns unserer eigenen Freiheit und der Freiheit des Lebens gewahr!

Durch unser Bewusstsein und unsere Achtsamkeit haben wir die Möglichkeit, nicht nur das zu sein, was wir *sind*, sondern das, wozu wir uns *machen*. Wir sind nicht durch einen unumstößlichen Willen determiniert, wie es der zu meinem großen Erstaunen immer noch einflussreiche Calvinismus behauptet[8], sondern sind vielmehr durch unsere Möglichkeiten bestimmt, durch einen weiten Raum, in den hinein wir uns und unser Leben entwerfen. Diese Freiheit ist, wenn man so will, die einzige Determination, der wir unterworfen sind. Jean-Paul Sartre sprach in diesem Zusammenhang davon, dass wir zur Freiheit verurteilt seien. Gerade das ist es, was den Menschen ausmacht: dass er keine Bestimmung hat! Es gibt keinen göttlichen Plan, den wir zu erfüllen hätten, keinen vorab festgelegten Weg. Doch natürlich können wir uns auch dazu entscheiden, diese Freiheit zu negieren, der Verantwortung für unsere Existenz auszuweichen und – wie Sartre es nannte – „unwahrhaftig" oder „unaufrichtig" zu werden. Wir können das

---

8 Der Calvinismus geht auf den Reformator Johannes Calvin (1509 – 1564) zurück, dessen Lehre von einer doppelten Prädestination ausgeht. Demnach hat Gott manche Menschen von vornherein für die Auferstehung vorgesehen, während andere zu Unwissenheit und ewiger Verdammnis und Höllenqual bestimmt sind. Nur die Gnade Gottes kann unser Heil bewirken, durch die Erbsünde sind wir alle durch und durch schlecht und verdorben. Einflüsse des Calvinismus finden sich noch heute u.a. bei den Baptisten, den Presbyterianern und den evangelisch-reformierten Kirchen.

Leben eines anderen führen, uns von anderen leben lassen, uns selbst belügen, den Kopf einziehen und in der Menge verlieren. Wir können stets die Wünsche anderer an uns erfüllen, ihren Anforderungen gerecht werden, einen Beruf ergreifen, den unsere Eltern für uns ausgesucht haben, jemanden heiraten, der angeblich besser zu unserer gesellschaftlichen Stellung passt als derjenige, den wir wirklich lieben oder unsere größte Freude zu Grabe tragen, weil wir anderen glauben, die behaupten, dass sich diese Tätigkeit nicht lohne, nicht auszahle, lächerlich oder kindisch sei.

Wir können uns jedoch auch umsehen, unser Leben als Wachstumsmöglichkeit und den Kosmos als Spielplatz, Trainingsfeld und Wanderparadies begreifen. Wir können dem folgen, was wir wirklich in uns fühlen und das tun, was uns wirklich glücklich macht. „Follow your bliss", wie der Mythologieforscher Joseph Campbell sagte.

Wir sind frei, unsere eigenen Erfahrungen zu machen und frei unserem Innersten auf unsere Weise Ausdruck zu verleihen. Unsere Weise ist dabei stets die Weise des Kosmos in seiner Vielfalt. Wir sind das Potenzial des Kosmos, etwas gänzlich Neues zu beginnen, uns selbst zu entwerfen, uns bewusst für die eigene Wahrhaftigkeit zu entscheiden und ein eigener in Freiheit geborener Anfang zu sein.

Selbst ein Anfang sein

Beharre auf dir selbst; ahme niemals nach!
Ralph Waldo Emerson

Seit Tausenden von Jahren versucht der Mensch das individuelle Erleben des Numinosen in ein allgemein verständliches Sprachgerüst zu kleiden, wobei hier nicht selten *allgemein verständlich* mit *allgemein gültig* verwechselt wird.

Sätze, die persönliches Erleben schildern, werden im Laufe der Zeit zu Imperativen, zu Handlungsanweisungen, Geboten und Verboten, wobei der eigentliche Prozess der Individuation des ursprünglich Erlebenden verloren gehen kann. Aus dieser Veränderung von individuellem Erleben zu gesellschaftlichem Imperativ entstehen Traditionen. Die persönliche Geschichte des Jesu von Nazareth und seinem Gott wird in der Deutung der Tradition zu der Allgemeingültigkeit einfordernden Geschichte des Jesus Christus und des Christentums.

Ein Mensch wie Jesus hat sich aus der ihn umgebenden Tradition der jüdischen Religion befreit, hat leidlich erfolgreich versucht das Bild des strafenden Gottes in einen liebenden Gott umzudeuten. Eine neue Religion zu gründen lag ihm jedoch fern. Das übernahmen andere, die auch aus Machtinteressen wieder auf den strafenden Gott zurückgriffen.

Ähnlich hat sich Siddharta Gautama aus den Strukturen des Hinduismus gelöst, um seinen Weg einer weitaus größeren Freiheit zu gehen, der dann aber ebenfalls im Laufe der Geschichte zu einem neuen Ismus, dem Buddhismus führte. Buddha selbst sagte etwas, dass wir uns täglich zu Herzen nehmen sollten:

Glaubt nicht an etwas,
bloß weil ihr es gehört habt.
Glaubt nicht an etwas,
weil viele es sagen und es zahlreichen Gerüchten zufolge so sein soll.
Glaubt nicht an etwas,
nur weil es in euren religiösen Texten geschrieben steht.
Glaubt nicht bloß auf Rücksicht auf
die Autorität eurer Lehrer und Dorfältesten an etwas.
Glaubt nicht aus dem Grund an Traditionen,
weil sie über viele Generationen so weitergegeben worden sind.
Wenn ihr allerdings nach eingehender Betrachtung und Analyse feststellt,
dass etwas vernunftgemäß ist, überdies nicht nur euch selbst,
sondern auch der Allgemeinheit zum Vorteil und zum Wohl gereicht,
dann akzeptiert es und lebt danach!

Ich glaube, wir erweisen weder den sogenannten Stiftern dieser Religionen einen guten Dienst, wenn wir ihren Weg der Freiheit imitieren und unsere eigene Erfahrung dabei außer Acht lassen, als auch uns selbst, wenn wir uns bei diesem Versuch in Strukturen begeben, die uns in neue Unfreiheiten führen.

Jeder Mensch, der auf der Suche ist, hat schon die Faszination einer neuen, vielleicht exotischen Religion erlebt, um eine gewisse Zeit später ernüchtert festzustellen, dass doch nicht alles so zum eigenen Erleben passt wie vorher angenommen oder erhofft.

Häufig muss man sich selbst verbiegen, um den Ansprüchen von Religions- und Glaubensgemeinschaften gerecht zu werden. Bei manchen Religionen, Sekten und Kulten ist es im Sinne der angeblichen Erlösung, die diese Organisationen anbieten, oft recht hilfreich, wenn man seine westliche Bildung in eher unzugängliche Bereiche seines Hirns transferieren kann, denn man kauft stets das „Gesamtpaket" inklusive Moralvorstellungen aus der Bronzezeit und mittelalterlich anmutenden Welterklärungen.

Kann das im Sinne einer freien Entfaltung des Kosmos sein? Muss mein eigenes Erleben, das ein Ausdruck der Vielfalt im Universum ist, glatt geschliffen werden, um sich in irgendein System einzufügen?

Wenn wir alle unterschiedlich sind, und diese Individualität Ausdruck der vielfältigen Lebenskraft des Urgrundes ist, warum sollten wir dann alle das gleiche Gebet sprechen?

Woher kommt dieses Misstrauen dem eigenen Erleben gegenüber?

So wie Jesus und Buddha, die hier nur als zwei Beispiele von vielen gelten mögen, sich aus ihren Traditionen gelöst haben, können auch wir außerhalb irgendeiner Tradition stehen. Grundkonsens aller spirituellen Wege ist das Menschliche, zu dem wir eine große Zugehörigkeit erfahren können, wenn wir das Menschlich-Allgemeine in uns ebenso wenig leugnen wie das Einzigartig-Individuelle, was uns ausmacht und welches von niemandem kopiert werden kann.

Unsere Einzigartigkeit ist das Wertvollste, was wir besitzen – niemand kann unseren Platz in dieser Welt einnehmen. Niemand kann der Welt das geben, was gerade wir geben können. Unsere Talente, unsere spezielle Wahrnehmung, unser Ausdruck, unsere Liebe…

Wäre es nicht tragisch, darauf aus Rücksichtnahme auf ein System, welches gar nicht das unsrige ist, zu verzichten?

Warum nicht selbst der Anfang von etwas Neuem sein?

Ich bin sicher: Kein Boden, der von anderen bereitet wurde, kann unsere Wurzeln wirklich halten; keine Sage, die wir nun von ferne hören, kann uns Humus genug sein; kein Raum, der von fremden Ideen verstellt ist, bietet uns genügend Platz zum Ausstrecken!

Die Erfahrung, die z.B. der Anblick des Sternenhimmels in uns auslöst, die uns durchdringt und mit wirklicher Inspiration nährt, zeigt sich als Teil des gesamten Bildes des Kosmos in unserem Herzen. Unser Herz muss von dem Staunen, von der Liebe und von der Dankbarkeit sprechen, die uns in Momenten wirklicher Verbundenheit erfüllen. Wir fungieren wie ein buntes Fenster für die Liebe, die uns in der Einheitserfahrung mit dem Kosmos berührt: Das Licht, welches immer da ist und welches alles, was ist, in seine Wärme hüllt, dringt durch uns hindurch und wird mit unseren persönlichen Farben versehen zum manifesten Teil dieser Welt. Wir sind ein Fenster, durch welches dieses Licht in unsere Welt eindringen kann und wir färben dieses Licht mit unserer Individualität, bringen diese Liebe, die wir erfahren, in der Welt zum Ausdruck.

Jesus und Buddha, Laotse und Konfuzius, die keltischen Druiden und die germanischen Walas, die buddhistischen Mönche Tibets, die Sufis des Vorderen Orients und die Brahmanen Indiens, alle bekannten und unbekannten Meister und Meisterinnen der Menschheitsgeschichte haben ihre je eigene Erfahrung in die Welt gebracht, doch die Welt braucht auch unsere Erfahrung. Unsere Art der Liebe fehlt der Welt, bis wir sie zum Ausdruck bringen. Das Mosaik ist nicht vollständig und die dunklen Flecken auf dem Bild können nur durch uns zu leuchtenden Farben werden.

Keine Glaubensgemeinschaft kann mir das abnehmen, niemand kann meinen Platz einnehmen. Nur wir selbst können Zeichen unserer eigenen Erfahrung sein. Wir müssen frei werden, um den Urgrund des Kosmos nicht in starren Formen anzubeten, die irgendjemand vor uns aus der Erfahrung eines Dritten erschaffen hat, sondern um die Kraft, die im Kosmos wirkt zu feiern und in unserem Alltag wahrhaftig zu verkörpern. Unsere geistige Freiheit bietet der kosmischen Freiheit Raum zur Entfaltung und umgekehrt.

Brian Swimme[9] schreibt: „Du brauchst keinen Lehrer. Das Universum selbst ist dein Lehrer, die Wälder sind deine Lehrer. Du wirst wissen, wenn du beim Lernen etwas falsch machst, denn Misserfolg wird mit Langeweile bestraft. Wenn du auch nur den geringsten Funken Sensibilität entwickelst, wird das Universum in dir lebendig werden."

Lebendige Mystik schwebt zwischen der Universalität und der Individualität – beides ist zur gleichen Zeit vorhanden, beides wird gleichzeitig und vollkommen von uns repräsentiert. In der Einheits-Erfahrung mit dem Urgrund allen Seins können wir unsere eigenen Grenzen überschreiten und uns selbst in allem wiederfinden. Nichts ist mehr getrennt von uns. Wir sind der Wind über der Nordsee, die Sonne über der Sahara, der Regen in Dublin, der Schnee in Moskau. Wir sind Teil des Universums, das in uns eine Facette seiner selbst erfährt. Wir sind Individuen, deren Geist in die eigene Quelle eintaucht und wieder daraus auftaucht, eine kosmische Welle,

---

9 Brian Swimme ist ein amerikanischer Physiker und Kosmologe, der mit dem Kulturwissenschaftler Thomas Berry und dem Theologen Matthew Fox zusammengearbeitet hat, und dessen Buch *Das Universum ist ein grüner Drache* auch nach mehrmaligem Lesen immer wieder neue Einsichten liefert.

die sich aus dem allumfassenden Meer hebt und wieder herabsenkt. Trennung existiert zu keinem Zeitpunkt.

Wir sind in allem enthalten. Alles ist in uns enthalten. Das ganze Universum befindet sich in uns, denn wir könnten nicht sein, wenn nicht auch alles andere wäre. Das eine bedingt das andere, alles hat Einfluss aufeinander. Das ganze Universum ist auch in unserem Mitmenschen gegenwärtig. Ebenso in der Fliege an der Wand und in allem anderen, was ist.

Wir verlieben uns in die Schönheit, in die Kostbarkeit des Lebens und das Wunder der immerwährenden Verbundenheit. Es gibt nicht länger uns und die Welt, die sich gegenüber stehen. Es gibt DAS Leben. Und dieses Leben ist überall: in uns und um uns herum. Wir sind all das und gleichzeitig ganz wir selbst.

Selbst in christlichen Schriften taucht diese Sichtweise auf. Allerdings wurden diese Schriften nicht in den offiziellen Kanon der Kirche aufgenommen, da die mystische Komponente einfach zu stark ist und ihre Implikationen sich jedem Kontrollversuch entziehen. Der 77. Vers des Thomas-Evangeliums drückt z.B. die Liebe zum Kosmos, zum Ganzen wunderschön aus. Dort sagt Jesus:

Spaltet ein Holz, ich bin da.
Hebt einen Stein auf und ihr werdet mich dort finden.

Hier scheint eine mystische Verbindung auf, ein wahrer Bezug zur Natur und zu den Dingen um uns herum. Wenn Sie von der Person Jesus fasziniert sind, sollten Sie Folgendes bedenken: Jesus predigte nicht in einer Kirche oder einem Tempel. Er sprach zu den Menschen am See von Genezareth, er hielt seine berühmteste Predigt auf einem Berg, und seine Gleichnisse sind angefüllt mit Bildern aus der Natur. Er nahm sein eigenes Herz als das Herz des Kosmos wahr, welches in allen Wesen schlägt. Er nannte diese verbindende Kraft des Lebens Gott und empfand sie als väterliche Zuneigung. Ihm waren sowohl die Freuden aller Wesen nah, als auch die Leiden, die sie in ihrem Dasein erfahren. Er konnte in allem das kosmische Leben erkennen, was wir miteinander teilen. Diese Sichtweise bringt ganz natürlich große Liebe und großes Mitgefühl hervor. Diese Sichtweise ist einfach, weil sie alles in der Einheit zusammenführt. So musste sich Jesus auch keiner komplizierten Theorien bedienen oder extravagante Rituale entwickeln. Sein Leben und seine Lehre sind einfach, wenn auch teilweise schwer zu verwirklichen. Die absurde Theologie um diese ursprüngliche Lehre herum, die sie größtenteils sogar verdeckt, ist das Werk von Paulus, sehr viel später von Augustinus und ihnen nachfolgend einem ganzen Apparat aus Angst, Machtstreben und Todessehnsucht.

Jesu Gleichnisse sind greifbar, nicht vergeistigt. Sie bringen den Himmel auf die Erde – das Heilige in das Profane, wobei alles ineinander verwandelt wird und keine Grenze mehr zwischen diesen beiden Bereichen existiert. Die Zeichen deuten auf das Heilige, welches allem Leben innewohnt, auf die Einheit, die wir selbst erfahren können, wenn wir unsere inneren Augen für das Wunder des Lebens öffnen, wenn wir die Welt ein- und ausatmen, und wenn wir in unserem Herzschlag den Herzschlag des Universums und aller Wesen vernehmen.

Sie sind Zeichen dafür, dass es schon immer so gewesen ist, dass alles schon immer heilig war, wir es nur vergessen haben. Jesu Gleichnisse und seine Art zu leben sind - wie Buddhas Leben und Worte und wie Laotses Verse, wie die Mythen und Märchen der keltischen und nordischen Völker, wie die Upanishaden der Hindus und die Schriften der Sufis - Erinnerungshilfen. Mehr nicht. Unsere Erfahrung – ganz gleich wie wir sie gewinnen – kann mit diesen Erinnerungshilfen korrespondieren, muss es aber nicht. Mit ihnen oder ohne sie können wir die Heiligkeit des Seins entdecken. Wir entdecken das Heilige in uns, an einem ganz gewöhnlichen Tag an einem ganz gewöhnlichen Ort. Wir entdecken, dass wir nicht minder heilig sind als Jesus, der Buddha, Franz von Assisi, Ramakrishna, Tante Ilse oder wer immer Ihnen einfallen mag. Wir entdecken, dass unsere eigene Heiligkeit, unser eigenes Erleben nicht in der Heiligkeit der Welt fehlen darf. Wir selbst sind der Beginn eines neuen Kapitels in der großen Geschichte des Kosmos, ein Faden im großen Gewebe des Seins. Unsere Individuation ist Teil der Individuation des Kosmos. Wir werden vom Leben berührt und bekommen das Staunen geschenkt. Staunen über das innere Leuchten alles Existierenden. Staunen über das Wunder dessen, was ist. Staunen über unsere Fähigkeit, dem Kosmos jenseits von vorgefertigten Strukturen und machtorientierten Dogmen unsere eigene Farbe, unsere eigene Erfahrung hinzuzufügen und das große Bild auf seinem Kreisen in der Vollkommenheit um eine wesentliche Nuance zu bereichern. Dabei ist unsere Nuance nicht weniger wichtig als die Nuance Jesu oder Buddhas. Alles wird benötigt, nichts in diesem Kosmos ist verschwendet. Jeden Tag werden neue Sterne geboren, jeder Tag in diesem Universum ist voller Anfänge. Auch wir können ein neuer Anfang sein – jeden Tag, wenn wir uns dazu entscheiden.

Unsere Wege und Erfahrungen sind zu wertvoll, um sie dem Universum vorzuenthalten. Und genau das tun wir, wenn wir nicht wir selbst sind. Ob wir einer etablierten Religion angehören und deren Glaubenssätze übernehmen oder einem modernen spirituellen Franchise-System aus Seminarblöcken anhängen, welches uns erlaubt einen bestimmten Namen oder eine bestimmte Marke zu verwenden: Das alles sind nicht wir, sondern etwas anderes, dem wir uns unterordnen.

Wenn in spirituellem Rahmen ein ^{TM} oder ein ^{R} hinter einem klangvollen Kunstbegriff auftaucht, also eine Methode oder Technik geschützt und zu einer Eigenbezeichnung eines exklusiven Club erhoben wird, sollte man schnell Abstand nehmen. Hier machen wir uns selbst zum „Mittel zum Zweck", wobei jeder dieser Zwecke von einem geschäftstüchtigen Marketingexperten erdacht wurde. Alle diese vorgefertigten Wege wollen uns zu „Etwas" machen. Doch „etwas sein" bedeutet immer, eine Grenze zu ziehen und somit „etwas anderes" nicht zu sein. So schränken wir uns selbst und die Vielfalt des Kosmos ein. Exklusive Clubs entstehen, in denen die Mitglieder meinen „besser" oder „effektiver" meditieren/beten/pilgern/Schäfchen zählen zu können als diejenigen, die noch nicht in diesem Club sind: Wir haben die Wahrheit gefunden, die anderen noch nicht. Wir kennen den Weg, die anderen verirren sich. Wir kommen in den Himmel, die anderen in die Hölle.

Wahre Spiritualität und wirkliche spirituelle Lehrer werden die Schüler immer ermuntern, mehr und mehr sie selbst zu werden, sich immer weiter in ihr eigenes Potential hinein auszudehnen und zu wachsen, anstatt sie in künstlichen Abhängigkeiten zu halten und sie an sich zu binden.

Das Universum ist nicht exklusiv, sondern seiner Natur nach inklusiv. ALLES ist in ihm enthalten und ALLES ist gleich wichtig! Das Sein steht jedem offen und ist durch nichts beschränkt. Niemand kann den Zutritt verwehren und niemand kann den Zutritt verwehrt bekommen. Da gibt es keinen 2,20 m großen göttlichen Türsteher, der einen anbrüllt, weil man die falschen Schuhe trägt[10]. Die Einladung des Lebens geht an jeden, ganz abgesehen von seinem sozialen Status, seinem Aussehen oder der Anzahl der abgeleisteten Meditationsstunden.

Die Erfahrung der Einheit des Lebens ist logischerweise universell und keiner bestimmten Tradition vorbehalten. Christliche Mystik, islamische Mystik, buddhistische Mystik, druidische Mystik lassen alle irgendwann ihre Adjektive hinter sich. Übrig bleibt die wahre *unio mystica* – namenlos und an keinem bestimmten Glauben interessiert.

10 Petrus hat vielleicht die Schlüssel zur Himmelspforte, aber rechts und links dieser Pforte sind keinerlei Wände. Wann er das wohl endlich merkt?!

Menschlichkeit

May your strength give us strength
May your faith give us faith
May your hope give us hope
May your love give us love
Bruce Springsteen, *Into The Fire*

Das Eingangszitat stammt aus dem Song *Into The Fire* von Bruce Springsteen, einem Song, der von den Feuerwehrleuten im World Trade Center am 11. September 2001 handelt, von ihrem Mut, ihrer Stärke, ihrer Opferbereitschaft, ihrer Hoffnung. Vor allem handelt er von der Hoffnung, die solch ein menschliches Beispiel freisetzt. Die Hoffnung, die auch im Angesicht der Katastrophe nicht aufgibt. Diese Hoffnung heißt Menschlichkeit und ist überall dort zu finden, wo Gott als sich um uns kümmernder Übervater abwesend scheint. Also überall.

Menschen ist eine Kraft zu eigen, die denjenigen, die in Not geraten sind, helfen kann und gleichzeitig denen Hoffnung auf eine bessere Welt vermittelt, die von dieser Kraft nur hören. Echter Heldenmut berührt uns, eine ausgestreckte Hand im Chaos ist ein Zeichen dafür, dass es trotz aller Unbill weitergeht.

Es gibt eine wundervolle Geschichte in den Janatakas, den Geschichten, die von den vorherigen Inkarnationen Buddhas, bevor er als Siddharta Gautama auf die Welt kam, erzählt werden. In einer dieser Geschichten weilt der Buddha als kleiner Papagei auf der Erde[11]. Eines Tages bricht ein Feuer in dem Teil des Dschungels aus, in dem dieser kleine Papagei lebt. Die Tiere versuchen in Panik zu fliehen, einigen gelingt es, doch viele wer-

11 Siehe Tor Åge Bringsvaerd/Stella East, *Der kleine Papagei, der ganz allein den Wald retten wollte*, Hanser Verlag, München 2004

den vom Feuer eingeschlossen. Der kleine Papagei fliegt zum nächsten Fluss, taucht unter und versucht dann das Feuer zu löschen, indem er ein paar Tropfen aus seinem Gefieder über dem Brand abschüttelt. Immer wieder fliegt er hin und her, und schüttelt immer wieder Wasser aus seinen Federn über dem Feuer ab. Die gelangweilten Götter im Himmel schauen diesem Schauspiel unbeteiligt zu und beginnen sich über den kleinen Papagei und seine scheinbar hoffnungslose Rettungsaktion zu amüsieren. Die Flügel des Papageis sind mittlerweile angesengt und er bekommt durch die Hitze des großen Feuers kaum noch Luft, doch er gibt nicht auf. Einer der Götter empfindet plötzlich Mitgefühl mit dem kleinen Papagei, verwandelt sich in einen großen Adler und fliegt an die Seite des Papageien. Er will ihn überzeugen, dass sein Versuch, das Feuer zu löschen, zum Scheitern verurteilt sei und dass er lieber sich selbst retten solle. Daraufhin sagt der Papagei sinngemäß etwas sehr Denkwürdiges: „Ich brauche keinen Gott, der mir sagt, dass mein Tun hoffnungslos sei, ich brauche tausend andere Vögel, die mir helfen."

Nun, die Geschichte geht dann so weiter, dass der Gott recht beschämt und sehr beeindruckt ist und das Feuer, dem kleinen Papageien zuliebe, löscht. Doch mir geht es in diesem Zusammenhang nur um das, was der Papagei zu dem Gott in seiner Gestalt als Adler sagt.

Wir brauchen keine Götter, die in einem Himmel weit weg von uns weilen, sondern wir brauchen uns. Wir selbst müssen als Beispiel dienen und zeigen, wie die Dinge besser sein können. Eine neue Welt entsteht aus den Worten, Werten und Taten aller Menschen. Aus kleinen Dingen, die wir in unserer unmittelbaren Umgebung tun.

Eine menschliche Geste der Selbstlosigkeit, des Mitgefühls und der Herzensgüte kann eine Welle von positiven Ereignissen in Gang setzen, ganz gleich ob diese Geste zu einem Erfolg führt oder scheitert. Hier ist es *wirklich* einmal der Wille, der zählt. Und man muss nicht gleich Leben retten oder seine Existenz hier aufgeben, um in Afrika Brunnen zu bauen. Oft ist es einfach ein warmes Wort, das hilft, diese Welt zu einem besseren Ort zu machen. Ein Lächeln für die Kassiererin im Supermarkt oder eine freundliche Begrüßung in der S-Bahn. Der Schmetterlingseffekt wirkt auch hier. Vielleicht begegnet Ihnen jemand, dessen Tag furchtbar begonnen hat und der in all seinem Tun keinen Sinn mehr entdecken kann. Jemand, der sich über seine Mitmenschen ärgert und der innerlich kocht. Stellen Sie sich den Unterschied vor, den ein freundliches Wort, eine Geste des Mitgefühls hier machen kann. Vielleicht tritt ein kleiner Funken Wärme in den Tag dieses Menschen, der später von weiteren positiven Begegnungen verstärkt wird, weil dieser Mensch nicht in seinem Ärger gefangen bleibt, sondern die eigentlich wohlmeinende Bemerkung des Kollegen aufgrund Ihrer zuvor von ihm erfahrenen Geste wertschätzen kann. So löst sich der Ärger langsam auf und eskaliert vielleicht nicht in einem Streit mit dem Partner am Abend, wenn dieser Mensch ohne die Auflösung des Ärgers völlig genervt von der Arbeit heimkommt.

Ein freundliches Wort ist an sich keine große Sache, aber stößt andere „Kleinigkeiten" an, die zu einer Kette positiver Ereignisse und Erfahrungen führen können. Oder besser gesagt: Das eine Wort kann den Geist dafür öffnen, dass das Positive überhaupt wieder gesehen werden kann. Menschlichkeit öffnet für Menschlichkeit.

Es ist nicht viel Verlass auf Gott als altem Mann auf der Wolke. Niemand greift ein, wenn wir es nicht tun. Unsere Vorstellung von Gott muss sich wandeln, wir müssen erkennen, dass unsere Taten die helfenden Hände des *geheiligten Kosmos* sein können. Das Sein des Universums findet in uns Ausdruck. Und wir bestimmen, wie sich dieser Ausdruck gestaltet. Bringen wir Offenheit, Mitgefühl und Liebe zum Ausdruck oder leben wir Verschlossenheit, Abneigung und Gleichgültigkeit? Die Frage Albert Einsteins, ob das Universum ein freundlicher Ort sei oder nicht, wird von uns beantwortet. Der Kosmos drückt sich durch das aus, was ist. Er drückte sich einst durch Kohlenstoffverbindungen aus, die sich zu Materie formten. Er drückte sich durch gewaltige Explosionen aus, durch Supernovae, durch riesige Farne, durch zwanzig Meter hohen Schachtelhalm, durch Einzeller, durch Dinosaurier, durch behaarte Säugetiere, die sich eines Tages aufrichteten und ihre Hände gebrauchten. Er drückte sich durch die sumerische Kultur aus, durch die ägyptische, durch die griechische und römische Antike, die chinesischen Kaiserreiche, durch das europäische Mittelalter, die Aufklärung, die Neuzeit und die Moderne. Momentan drückt er sich durch uns aus.

Der Kosmos hat uns in das Leben eingebracht, jetzt müssen wir uns unsererseits in dieses Wunder einbringen. Da buchstäblich nichts in diesem Universum getrennt von allem anderen existiert, helfen wir dem Universum, sich zu entfalten. Ob diese Entfaltung in unserem menschlichen Bereich, in unserem näheren Umfeld und auf dem Planeten, auf dem wir alle gemeinsam leben, in positiver oder negativer Art geschieht, liegt ganz bei uns.

Durch unser Bewusstsein, die Fähigkeit, uns selbst zu betrachten, haben wir Wahlmöglichkeiten. Wir können unsere Vergangenheit sehen und aus Fehlern lernen, wir können uns die Zukunft vorstellen und die Folgen unseres Handelns berechnen, wir können achtsam die Gegenwart betrachten und uns zwischen verschiedenen Wegen entscheiden. Wählen wir das Leben oder den Tod? Möchten wir kreativ oder destruktiv sein? Können wir uns immer wieder in das Leben verlieben oder ist es uns gleichgültig? Können wir die Schönheit sehen, die uns umgibt oder sind wir auf das Hässliche und Zerstörerische fokussiert?

Der Mensch ist kein festgeschriebenes Wesen, das nur in einer bestimmten, bereits vorgegebenen Weise existieren kann. Menschlichkeit bedeutet immer auch das Potential zur Veränderung, den Willen zum Wandel, die Kraft der Kreativität. Wir definieren uns durch unsere Möglichkeiten und nicht durch unsere Grenzen.

Wir können uns aus Strukturen lösen, können fortschreiten von der Identifizierung mit einer Gruppe oder einem Stamm zur Identifizierung mit einer weiter gefassten Nation, dann mit einer Nationengemeinschaft, mit der Weltgemeinschaft, hin zu einer Gemeinschaft mit dem uns umgebenden Kosmos. Wir können uns in die Vielfalt verlieben und zu einer Einheit mit allem, was ist, finden!

Wir können uns einer Evolution des Kosmos zugehörig fühlen.

Jeder einzelne Mensch ist Teil der Menschheit und trägt deshalb die grundlegende Menschlichkeit, das Potential zur Entwicklung in sich. Unser Bewusstsein lässt uns erkennen, dass wir nicht immer so bleiben müssen, wie wir gerade sind. Wir können uns SEHEN und dieses achtsame Schauen führt zu Verständnis, Toleranz, Mitgefühl und Verantwortung. Wir sehen, dass ohne Ehrlichkeit unsere Sprache *ad absurdum* geführt wird. Wir sehen, dass ohne Warmherzigkeit unsere Welt kein lebenswerter Ort ist. Wir sehen, dass ohne Verstehen ein Miteinander unmöglich ist. Wir sehen, dass ohne Entwicklung das Leben stillsteht und somit stirbt. Wir sehen, dass wir mehr sind als wir haben und dass wir noch viel mehr sein können.

Der Prozess der Entwicklung ist ein Prozess des Weiterwerdens. Wir öffnen uns für eine größere Zugehörigkeit. Wir lassen das Kleine los und öffnen uns für das Größere. Manchmal macht dieser Prozess Angst, weil man sich so sehr an seine kleine Welt gewöhnt hat. Doch indem man das Kleine loslässt, schafft man Raum in sich, um das weitaus Größere einzuladen. Man verliert die Zugehörigkeit zu einem kleinen Teil dieser Welt, um dann festzustellen, dass man dem ganzen Kosmos zugehörig ist. So ist es mit allem.

Man verliert die Identifizierung als Deutscher, Franzose oder Koreaner und erkennt seine Gemeinschaft mit allen Menschen auf dieser Erde. Man verliert seine Identifizierung als Christ, Hindu oder Moslem und gewinnt eine Einheit mit dem Entfaltungsprozess des Lebens.

Man verliert die einzelne Religion und gewinnt eine universale Spiritualität. Man verliert den personalen Gott und gewinnt die Zugehörigkeit zum *Geheiligten Universum*.

Man spürt, wie das Leben alles durchdringt: den Duft der Orchidee, das einen Wintervorrat anlegende Eichhörnchen, die eng beieinander stehenden Pinguine zur Brutzeit, den Wind über der Tundra, die Wellen am Strand von Bali, den Schnee in der Innenstadt von Frankfurt, die Bewegung der Planeten, das eigene menschliche Herz.

Ein Empfinden für die Schönheit der eigenen Menschlichkeit und für die Schönheit der Welt, in der wir leben, setzt uns frei, weiter und weiter zu werden, immer mehr Anteil an der Entwicklung des Kosmos zu haben. Wir erklären uns bereit, mitzuwirken an der Entfaltung des Seins. Die Folge ist, dass wir uns entfalten und das Potential unserer Menschlichkeit leben, welches uns die Zugehörigkeit zum großen Ganzen erfahren lässt. Ein Universum, das frei ist, sich immer weiter zu entwickeln und alle Begrenzungen hinter sich zu lassen.

Innere Widersprüche, das Panzerglas der Zivilisation und faltenfreie Welterklärungen

Ich bin kein ausgeklügelt Buch,
ich bin ein Mensch mit seinem Widerspruch.
Conrad Ferdinand Meyer

Wenn wir uns entscheiden, unsere Begrenzungen hinter uns zu lassen, müssen wir erst einmal lernen, unsere inneren Widersprüche zu sehen und zu akzeptieren. Ansonsten laufen wir Gefahr, ein Ideal zu erschaffen, dem wir nacheifern, das unter Umständen nicht viel mit unserer menschlichen Wirklichkeit zu tun hat und uns letztlich nicht erweitert sondern begrenzt, da es gewisse Aspekte unseres Seins unterdrückt.

Bildlich gesprochen, versuchen wir dann in eine Schublade zu klettern, die wir selbst gebaut haben, deren Maße jedoch für ein menschliches Leben viel zu klein geraten sind.

Die Natur des Menschen ist alles andere als eindimensional. Unser Innerstes ist vielmehr voller Widersprüche und Ungereimtheiten, die das Leben so einzigartig machen und die uns, wenn wir genau hinschauen, mit anderen Menschen, die ähnliche Widersprüche in ihrem Alltag erfahren, auf einer weiteren Ebene verbinden.

Manchmal sind unsere inneren Widersprüche zeitlich voneinander getrennt, manchmal treten zwei entgegengesetzte Intentionen gleichzeitig auf. Doch immer sind es ganz menschliche Träume, Hoffnungen und Wünsche, die in uns miteinander um die Vorherrschaft ringen.

Manchmal sind wir mit uns ganz im Reinen, sind vielleicht stolz über Erreichtes, klopfen uns selbst auf die Schulter und fühlen uns rundum wohl in unserer Haut. Ein anderes Mal – und dazwischen können Jahre aber auch nur Tage oder Stunden liegen – wünschen wir uns jemand anderer zu sein, weil uns unser eigenes Leben so trostlos erscheint.

Manchmal wünschen wir uns, ein bestimmtes Glück würde uns zuteil, ein anderes Mal wünschen wir uns, ein bestimmtes Unglück hätte uns und nicht den geliebten Menschen getroffen. Manchmal wünschen wir uns, ein Augenblick möge niemals vorübergehen, manchmal soll die Zeit schneller laufen, alles endlich vorbei sein.

Wir genießen das Leben in vollen Zügen und – was natürlich niemand weiß – sehnen uns schon am nächsten Tag nach dem Tod, weil wir die Leere in uns keinen Augenblick länger ertragen zu können meinen.

Wir sind ein treusorgender Ehemann und schauen doch buchstäblich jedem Rock hinterher, der sich über etwas spannt, was eine instinktive Gier in uns weckt. Wir sind ein spiritueller und meditativer Charakter, der die Stille schätzt und sind doch nur wirklich glücklich, wenn wir auf einem Heavy-Metal-Konzert die Sau herauslassen dürfen. Wir sind überzeugter Atheist, können uns aber der Faszination der Symbolik von Gott und Göttin, ihrer Liebe und ihrer durch Vereinigung hervorgebrachten Schöpferkraft nicht entziehen. Wir sind der Inbegriff einer modernen, attraktiven und gesundheitsbewussten Powerfrau, fühlen uns privat jedoch im schlabbrigen Jogginganzug am Wohlsten und essen für unser Leben gern Hamburger und Fritten. Wir bilden uns ein, Pazifisten zu sein und lieben Actionfilme mit möglichst viel Gewalt, solange diese uns gerechtfertigt erscheint, also für unsere Vorstellungen vom „Guten" eingesetzt wird. Wir reden und diskutieren auf zivilisierte Weise, haben aber die Faust in der Tasche geballt und gedanklich schon mit der schartigen Streitaxt ausgeholt. Wir verbringen ein traumhaftes Wochenende mit der Familie und denken die ganze Zeit an unsere ledigen Freunde, die in diesem Moment wahrscheinlich betrunken Jetski fahren. Wir sind hier, wollen aber viel lieber dort sein[12].

Zwischen all diesen widerstrebenden Kräften zu leben, heißt Mensch zu sein. Unsere Wünsche haben genau wie unsere Biografien oft enorme Brüche. Brüche, die wir uns nicht immer eingestehen können und die wir versuchen auszublenden. Wir sind Produkte unserer Gesellschaft und unserer Zivilisation, die bestrebt sind Geradlinigkeit und Konsequenz hervorzubringen. Das Etikett, das uns verpasst wird und das wir uns oft genug frei-

---

12 Davon kann Grobi ein Lied singen, auch wenn er kein Mensch ist.

willig um den Hals hängen, soll möglichst nicht allzu kompliziert sein, sondern uns auf einen einfachen Nenner bringen.

Unsere Sehnsüchte und ungelebten Anteile klopfen deshalb von innen an das Panzerglas der Zivilisation und werden nicht aufhören uns unruhig, traurig oder depressiv zu machen.

Wir müssen weit werden und Raum schaffen für diese Widersprüche, wir müssen erkennen, dass wir weit mehr sind als die Aufschrift auf unserem Etikett. Wir müssen uns nicht selbst domestizieren und einsperren, weil wir denken, dass unsere Sehnsüchte nicht zusammenpassen oder das Bild, welches wir von uns selbst haben, stören. Wir können uns immer wieder sagen: Ich bin mehr als das. Ich bin auch dies. Und jenes ist ebenfalls in mir. Wir können diese Aspekte wahrnehmen und auch wahrhaben wollen, denn sie alle gehören zu unserem Menschsein dazu.

Wir sind wilde Männer der Natur und elende Stubenhocker zugleich. Wir sind philosophisch gebildete Frauen mit einer seltsamen Vorliebe für Wrestling und Monster-Trucks. Warum auch nicht?! Kein Etikett ist groß genug, um die Beschreibung unseres Lebens zu fassen. Keine Formulierung ist wirklich zutreffend, keine Worte entsprechen uns wirklich in unserem Innersten. Der Regisseur Pier Paolo Pasolini sagte einmal: „Ich weiß sehr wohl, wie widersprüchlich man sein muss, um wirklich konsequent zu sein." Wir können ergänzen: ... um wirklich *konsequent menschlich* zu sein!

Warum ich das alles erzähle? Zum einen, weil ich denke, dass es für jeden von uns wichtig ist, zu erkennen, dass unser Leben größer und weiter ist als das Bild, was wir von uns selbst haben. Dies annehmend, können wir auch mehr Verständnis für die Widersprüchlichkeiten anderer Menschen empfinden und ihnen offener begegnen. Wir können entspannter mit uns und anderen umgehen. Wir können eindimensionale Begrenzungen hinter uns zurücklassen.

Zum anderen bin ich mir der Gefahr bewusst, dass auch jede Kosmologie und Welterklärung scheinbar logisch und stringent erscheinen kann, in Wahrheit aber nur ein Versuch ist, die Wirklichkeit glattzubügeln und sie sauber auf A4 gefaltet in unserem Schrank abzulegen. Auch bei diesem Buch müssen Sie aufpassen, dass Sie das Modell der Wirklichkeit nicht mit der Wirklichkeit, das Etikett nicht mit der Sache selbst verwechseln, die unvergleichlich größer ist als diese paar Seiten, die ich geschrieben habe. Sicherlich beinhaltet der Kosmos Ungereimtheiten, die ich mir in meinen kühnsten Träumen nicht ausmalen kann. Kosmologien sind immer temporär und niemals frei von Brüchen. Worte, die diese Kosmologien beschreiben, sind niemals endgültige Formeln, sondern immer ein Versuch, Nähe herzustellen, Nähe zuzulassen und den eigenen momentanen Platz auf der Wanderschaft durch den Kosmos zu lokalisieren.

Ein weiterer Punkt ist der, dass wir auch was unsere inneren Widersprüche angeht, einiges vom Kosmos lernen können. Denn der Kosmos lebt, wächst und entfaltet sich, gerade weil er aus widerstrebenden Kräften besteht, die sich jedoch in einem Gleichgewicht befinden.

Wenn wir also die genannten naturspirituellen Stubenhocker oder aristotelischen Monster-Truck-Fans in uns wiedererkennen, dann sollten wir dankbar sein für diese Kräfte, die uns in unterschiedliche Richtungen ziehen und drängen, denn sie ermöglichen uns verschiedene Facetten des Lebens wahrzunehmen, sie in all ihrer Tiefe zu erfahren und uns an ihnen zu erfreuen. Sie schützen uns vor langweiliger Einseitigkeit und künstlicher Möchtegern-Heiligkeit ebenso wie vor starren Ansichten und einem intoleranten Geist. Können wir die Widersprüche in uns annehmen, sie anderen Menschen zugestehen und sie auch im Kosmos entdecken und aus ihnen allen ein kleines Stückchen Weisheit beziehen, dann wird uns auch unsere gemeinsame Verbindung immer bewusster.

Körper und Bewusstsein

We are all made of stars.
Moby

Wasserstoff, Kohlenstoff, Natrium, Magnesium, Eisen, Mangan, Sauerstoff, Stickstoff ... Durch Nukleosynthese in Sternen entstanden, durch die Weite des Alls gereist und auf unserer Erde durch Millionen von Jahren Evolution zu unseren Körpern geworden. Füße und Beine, die uns im Idealfall tragen und Wege durch die Welt öffnen, Arme und Hände, die greifen, geben, reparieren, streicheln, halten und loslassen. Eine Wirbelsäule, die uns aufrichtet. Organe, die Nahrung und Atemluft verarbeiten, die Blut durch unseren Körper pumpen, die Giftstoffe abtransportieren. Ein Nervensystem und Sinne, die uns uns selbst und unsere Umwelt erleben lassen, ein Kopf, in dem unser Gehirn ruht (oder ausflippt) und durch das alle Außen- und Innenreize letztlich wahrgenommen werden.

Obwohl aus den unbewussten Komponenten zusammengesetzt, die in den riesigen Fusionsreaktoren der Sterne entstanden, haben wir ein Bewusstsein unserer selbst entwickelt. Wir sind weder reine Materie, noch sind wir reiner Geist. Irgendwie hat es unser Gehirn geschafft, Bewusstsein hervorzubringen. Oder aber dem Bewusstsein ist es gelungen, die Materie unseres Gehirns ins Dasein zu bringen, mit der wir nun Anteil am Bewusstsein haben können. Niemand weiß, was hier Huhn und was Ei ist. Wie kommt der Geist in die Materie? Wie wird die Materie Geist? Wie schafft Geist Materie? Diese Fragen stellen das sogenannte „harte Problem" der Neurophilosophie dar, das bis heute niemand zufriedenstellend lösen konnte.

Doch auch, wenn wir dieses Rätsel niemals zu lösen im Stande sein sollten, ist es diese Verbindung aus Körperlichkeit und Bewusstsein, die uns als Lebewesen ausmacht. Wären wir nur Körper ohne Bewusstsein, wären wir tote Materie, unfähig zu Empfindungen und Gedanken. Wären wir reines

Bewusstsein, würde uns der ganze Erfahrungsbereich des Körpers, seine ganze Sensorik fehlen. So oder so, wir wären nicht vollständig.

Mit unserer Körperlichkeit hat unser Bewusstsein ganz andere Möglichkeiten der Wahrnehmung. Wir machen nicht nur geistige Erfahrungen, die in unserem Intellekt stattfinden, sondern haben auch ganz unmittelbare Begegnungen mit der Welt: Ein scharfer Geruch, der auf einem Waldspaziergang plötzlich in unsere Nase weht und bei dem wir sofort wissen, dass Wild in der Nähe ist. Der Geschmack von Cayennepfeffer, der unsere Zunge und unseren Gaumen prickeln lässt und den wir durch die Nase bis in unsere Nebenhöhlen ziehen spüren. Der Anblick von Sonnenstrahlen, die wie riesige, lange und schmale Finger durch die Wolken langen und die Erde nach einem Regenguss mit hellen Flecken bedecken. Der Ruf des Waldkauzes, der die nahende Nacht begrüßt und dessen langgezogene Töne durch unser Ohr auf direktem Wege zu unseren romantischsten Klischees vordringen. Die flüchtige Berührung eines Menschen, zu dem wir uns hingezogen fühlen, die unsere Haut elektrisiert und die uns ganz durchfährt, die Wirbelsäule hinauf- und hinunterkriecht.

Was wären wir ohne unsere Sinne? Wie überaus langweilig wäre ein Dasein als reines Bewusstsein, als ätherisches Lichtwesen?!

Unser Körper verfügt über seine ganz eigene Weisheit. Unsere Instinkte, die Nackenhaare, die sich aufstellen, der kalte Schauder, das berühmte Bauchgefühl, Hormone, die freigesetzt werden ... Der Körper empfängt und sendet Impulse. Unser Bewusstsein verarbeitet diese.

Unser Körper erinnert uns immer wieder daran, dass auch wir eine bestimmte Spezies Tier sind, dass wir nicht abgetrennt in „höheren Gefilden" umherschweben, sondern ganz konkret Teil dieser Erde, Teil dieses Ökosystems, Teil einer Lebensgemeinschaft sind. Als Kinder sind wir auf Körperkontakt angewiesen, ansonsten verkümmern wir innerlich. Und wenn wir ganz ehrlich sind, dann ändert sich diese Tatsache unser ganzes Leben lang nicht. In uns ist ein unstillbarer Drang, das Geliebte zu berühren und uns von ihm berühren zu lassen. Es gibt nichts auf dieser Welt, was sich so anfühlt wie die Haut eines geliebten Menschen, nichts, was so riecht, nichts, was so schmeckt, nichts, was wir so gern anschauen. Mit unseren Körpern verleihen wir unserer Liebe Ausdruck, denn Worte allein reichen weder uns noch unserem Partner oder unserer Partnerin. Zärtlichkeit und

Sexualität sind zentrale Bestandteile unseres Lebens, die Nähe, die diese großen Geschenke erzeugen, ist unverzichtbar.

Wie glücklich können wir uns schätzen, dass wir einen Körper haben! Und wie seltsam ist es, diesen hinter sich lassen zu wollen, wenn man nicht gerade sehr krank ist und leidet. Wie seltsam ist es, nur Geist sein zu wollen, sich von Licht ernähren zu meinen, seinen Körper als „sündiges Fleisch" zu definieren, sich zu geißeln oder im Zölibat zu leben. Warum sich die Freuden der Körperlichkeit verweigern, wenn der Kosmos über Millionen Jahre so viel Aufwand betrieben hat, um uns gerade diesen Körper zu bescheren?

Natürlich gibt es auch Schmerz und Leiden, die vom Körper ausgehen. Doch ist dies der Preis, den wir für unsere Fähigkeit zu empfinden zahlen müssen. Wenn unser Körper keinen Schmerz fühlen könnte, könnte er auch keine Berührung spüren, keine Ekstase erleben, keinen Orgasmus erfahren. Wir sind empfindungsfähig und damit ist die Skala der Empfindungen nach oben und unten offen.

Alle diese Gefühle, all die wunderschönen Empfindungen, all der Schmerz, kommen durch das Zusammenspiel unseres Körpers und unseres Bewusstseins zustande. Wir sind Geist und Körper, und nur mit beiden Anteilen sind wir ganz Mensch.

Unser Bewusstsein lässt uns vermittelt über unseren Körper die Außenwelt und gleichzeitig durch sich selbst unsere Innenwelt erfahren. Diese Erfahrung unserer selbst macht uns vom *homo sapiens*, dem Mensch, der denkt, zum *homo sapiens sapiens*, dem Mensch, der über das Denken nachdenkt. Der Begriff des Bewusstseins wird vielleicht ein wenig klarer unter Anwendung der griechischen Grammatik, in der es nicht nur *Aktiva* und *Passiva* gibt, sondern das Phänomen des *Mediums*, welches meint, dass einem Ding oder einem Subjekt etwas geschieht, was durch es selbst verursacht wurde. Ein anderes Beispiel für ein *Medium* wäre der Satz „Ich berühre mich." Genauso funktioniert unser Bewusstsein. Es ist sich selbst bewusst, es berührt sich selbst, blickt sich selbst an.

In uns hat der Kosmos diese Fähigkeit hervorgebracht, die Evolution hat uns an diesen Punkt geführt. Und da wir ein Teil des Kosmos sind, hat dieser durch uns nun die Möglichkeit, sich selbst anzuschauen, seine eigene Entwicklung zu betrachten, sich seiner selbst bewusst zu werden. In unserem Körper hat das Bewusstsein seinen Ort gefunden, die Reize, die Gehirnmasse, die es benötigt, um sich immer weiter auszudehnen, sich umzudrehen und sich selbst in Augenschein zu nehmen. Obwohl unser Bewusstsein an unseren Körper gebunden scheint – schließlich scheint sich bei unserem physischen Tod auch das Bewusstsein aufzulösen (zumindest das Bewusstsein, das von uns als „Ich" spricht) – ist es ihm dennoch ein Leichtes, über die Grenzen unseres Körpers und unserer Sinne hinauszugehen. Wir träumen, haben sogar luzide Träume, in denen wir bewusste Entscheidungen fällen, versetzen uns durch Lektüre in andere Zeitalter, nutzen unsere Fantasie, um an entlegene Orte zu reisen, sprechen über Dinge, die es in der physischen Welt nicht zu geben scheint, spüren die Verbindung zu geliebten Menschen, auch wenn diese weit entfernt sind, und tauchen in tiefer Meditation in den Bereich eines selbstvergessenen Bewusstseins ein, welches losgelöst von Zeit, Raum und Ego existiert. Wir sind Wesen, in denen scheinbar zwei Welten vereinigt sind, die in beiden Welten leben und Erfahrungen machen und die diese Erfahrungen in ihrem einen Leben zusammenbringen und dem Kosmos spiegeln. Der Mensch ist ein Tier mit einem besonderen Geist, ein Geist, der ihm die Verwandtschaft mit allem, was lebt, bewusst werden lassen kann, weil er Körper und unterschiedliche Stufen von Bewusstsein überall entdeckt. Wir alle sind aus Sternen gemacht.

Die Elemente unserer inneren Welten

Auf dieselbe Weise, wie sich das Salz im Wasser aufgelöst hat,
durchdringt eine unsichtbare und subtile Essenz das ganze Universum.
Das ist Geist. Das ist Wirklichkeit. Das ist Wahrheit. Das bist du.
Upanishaden

Wir sind auf tiefer Ebene mit der Welt verbunden. Nicht nur unsere physikalischen Körper bestehen aus den chemischen Komponenten, die zu Beginn unseres Universums in den leeren Raum geschleudert und irgendwann zu uns wurden, auch unsere Innenwelt ist von den Elementen der Welt, der uns umgebenden Natur geprägt. In den letzten 200.000 Jahren unserer Existenz als *homo sapiens* bzw. *homo sapiens sapiens* aber auch schon eine ganze Zeit vorher haben sich die klassischen Elemente Feuer, Wasser, Erde und Luft in unserem Innersten zu archetypischen Bildern verfestigt, die ebenso wie die Jahreszeiten einen großen Einfluss auf uns haben. Lassen Sie uns gemeinsam durch diese Bilder reisen und entdecken, welche Resonanz sie in uns auslösen…

Feuer

Unser aller Anfang liegt im Feuer. In der Hitze der ersten Supernovae wurden die chemischen Verbindungen geschmiedet, die sich im Laufe der Geschichte des Universums zu dem entwickelten, was wir heute Leben nennen. Wir alle sind Kinder des Feuers, Kinder der explodierenden Sterne.

Das Feuer der Sterne war auch das, was hunderttausende von Jahren als einziges unseren Nachthimmel erleuchtete. Wir schauten auf, sahen die Nadelstiche im Mantel der Nacht, scheinbar zum Greifen nah und doch unendlich weit entfernt.

Die Kraft von Gewittern bereitete uns Angst, Blitze zertrümmerten einen alten Baum und setzten ihn in Brand. Feuer – ein fremdes und wildes Tier, das sich wand und biss, wenn man ihm zu nahe kam. Ein freundliches, helles und wärmendes Tier, wenn man sich in gebührendem Abstand aufhielt. Wir zähmten dieses Tier, entdeckten, wie wir es mit trockenen Ästen und Feuersteinen hervorlocken konnten und plötzlich waren unsere Nächte nicht mehr kalt und dunkel, sondern hatten einen Ort der Wärme, des Lichtes und der Geborgenheit. Andere Tiere fürchteten das Feuer und wir genossen die neue Sicherheit, die uns die Flammen schenkten. Wir versammelten uns, wenn der Tag vorüber war, blickten in die brennenden Äste, die rote Glut, die zuckenden Flammen und die Schatten, die diese warfen. Wir erzählten von unserer Jagd, von unserem Erfolg und Misserfolg, wir erzählten von den Menschen, die wir verloren hatten, von ihren Geistern, die über uns wachten, von den Lichtern im Himmel, von den Göttern und Göttinnen, die auf uns herabsahen. Wir erzählten, woher wir kamen, gaben die Geschichte unseres Stammes weiter, erzählten, woher unsere Regeln des Zusammenlebens kamen und warum wir sie befolgten. Wir brieten das Fleisch der erlegten Jagdbeute, wärmten uns auf, wenn ringsherum der Schnee in dichten Flocken fiel und der Frost nach uns griff. Feuer wurde zu einem Symbol für ein Zuhause, für die Heimat, die wir mit den Menschen teilten, die sich um das Feuer versammelten. Kaum jemand, der heute ein Haus baut und der sich nicht einen Kaminofen kauft, um die Möglichkeit zu haben, in die Flammen zu sehen und diese stammesgeschichtliche Urerinnerung zu beleben. Unser Geist kann in die sich ständig wandelnde Form des Feuers eintauchen und zu seinen Anfängen reisen. Der Jäger und Sammler in uns liebt das Spiel der Flammen.

So wie das Feuer als Supernova unser Anfang ist, ist es als Ort der Wärme, der Nahrung und der Geborgenheit des Stammes und seiner Geschichten unsere Mitte. Oft ist es auch unser Ende, wenn unser Körper nach unserem Tod verbrannt wird. Das Feuer ist reinigend, es lässt unsere Seele aufsteigen und verwandelt den Leichnam in Asche, die sich durch den Wind auf der ganzen Welt verteilt und unseren biologischen Anteil dem Kreislauf des Seins zurückgibt.

Wir wissen um die Kraft des Feuers, seiner vielen positiven Wirkungen auf uns und gleichzeitig kennen wir seine zerstörerische Komponente, seine alles verzehrende Energie. Das äußere Feuer, an dem wir sitzen hat diese zwei Eigenschaften genauso wie unser inneres Feuer. Unser inneres Feuer ist das Feuer der Inspiration, der Begeisterung. Menschen, die „Feuer und Flamme" sind, geben sich ganz einer Sache oder einer Aufgabe hin, sie können andere mitreißen, sie überzeugen und motivieren. Menschen, die ein

Feuer in sich tragen, sind fähig trotz aller Widrigkeiten ein prophetisches Zeugnis für Wahrheit und Gerechtigkeit abzulegen. Sie erheben ihre Stimme, wenn alle anderen schweigen. Sie stehen auf für die, denen das Leben so übel mitgespielt hat, dass ihnen die Kraft fehlt, um selbst aufzustehen und für ihre Rechte zu kämpfen. Die destruktive Seite dieses inneren Feuers sind Wut und Selbstgerechtigkeit – beides Arten von Feuer, die uns und andere verbrennen können. Wie bei allen Elementen gilt es, ihre Kraft zu nutzen, ohne sich von dieser Kraft fortreißen und zerstören zu lassen.

Wasser

Menschen sind nicht immer eindeutige Wesen. In unserer Brust schlagen oft zwei Herzen, die einander widerstreben und uns in unterschiedliche Richtungen drängen. Das zeigt sich auch in unserem doppelten Ursprung aus Feuer und Wasser. Beides war für unsere Entstehung und für unsere Evolution unabdingbar. In den explodierenden Sternen entstand Sauerstoff (O), der durch die Kraft des sich ausweitenden Universums in den Raum entsandt wurde. Die Gravitation der Urerde zog diese Atome an, die sich hier mit dem bereits vorhandenen Wasserstoff (H) zu einem neuen, für das Leben auf unserer Erde ganz entscheidenden Atom verbanden: H_2O. Wasser.

In heißem und mineralhaltigem Wasser bildeten sich die ersten Bausteine des Lebens, die immer komplexer wurden. Bakterien, Algen, Einzeller, entwickelten sich in diesem experimentellen Labor der Evolution. Blaualgen betrieben schon in dieser Zeit Photosynthese, um sich zu ernähren. Sozusagen als Abfallprodukt dieses Vorgangs entstand mehr Sauerstoff, der das Meer anreicherte, so dass irgendwann (nach ca. einer Milliarde Jahren) Mehrzeller entstanden: die Eukaryoten, die eine ganz entscheidende Sache in ihrem Inneren bargen. Zum ersten Mal hatten Lebewesen einen Zellkern, der Erbmaterial enthielt, welches sie an ihre Nachkommen weitergaben. An Land war zu dieser Zeit der Erdentwicklung noch nicht viel los. Erst später begannen Moose und Gliederfüßler die Landmasse zu erobern und sich dort fortzupflanzen und zu verändern, bis schließlich ein Mensch ihren Lenden entsprang[13].

Doch zuerst waren wir Fische, was man auch daran erkennt, dass jeder menschliche Embryo in seiner Frühphase Kiemenbögen entwickelt, die

---

13 Diese Entwicklung ist hier geringfügig abgekürzt dargestellt…

sich im Laufe seines Heranreifens zu Teilen des Kiefers umgestalten. Wir schwammen durch das Meer, auf der Suche nach Nahrung, geschmeidig und glitzernd, im Schwarm oder allein. Durch unsere Kiemen floss Wasser, aus dem wir den Sauerstoff herausfilterten, der uns am Leben erhielt. Wasser war um uns herum und floss durch uns hindurch, wir waren nicht unterschieden von dem, was uns umgab[14]. Wir waren im fließenden Element beheimatet und flossen selbst dahin.

Dieses Fließen ist eine der herausragenden Qualitäten des Wassers, die seit jeher die Menschen beeindruckt hat und vor allem im Osten als inneres Bild diente. Wie Wasser können auch wir durch die Welt fließen, wir können um Hindernisse weich herumfließen anstatt starr an ihnen zu zerschellen. Schon Laotse schrieb in seinem Tao Te King:

Nichts auf der Welt ist so weich und nachgiebig wie das Wasser.
Doch zum Auflösen des Harten und Unbeweglichen ist nichts besser geeignet.
Das Weiche überwindet das Harte, das Sanfte überwindet das Starre,
jeder weiß, dass dies zutrifft, aber nur wenige können danach handeln.

Dieses Fließen ist kein Opportunismus, kein Gehen des Weges geringsten Widerstandes, sondern ein achtsames Anerkennen von Hindernissen und ihrer Bedeutung für unser Leben. Es ist achtsames Anerkennen unserer Kraft und vernünftige Beurteilung unserer Aufwendung von Energie. Manche Hindernisse können wir umfließen, manche Hindernisse können wir unterspülen, bis sie in sich zusammenfallen. Sicher gibt es Dinge in unserem Leben, denen wir uns ganz direkt von Angesicht zu Angesicht stellen müssen. Manchmal ist ein Umfließen absolut nicht möglich und auch an solch direkten Konfrontationen reifen wir. Doch manchmal sind die Dinge so gestaltet, dass es schlauer ist, um sie herumzufließen anstatt sich an ihnen den Kopf einzurennen. Viele Dinge sind es einfach nicht wert, gegen sie anzukämpfen. Man kann sie einfach ins Leere laufen lassen, indem man einen Schritt beiseite „fließt" und die negative Energie des Hindernisses auf es selbst zurücklenkt. Asiatische Kampfkünste wie Judo oder Aikido haben

14 Wir fühlten uns wohl wie der sprichwörtliche Fisch im Wasser. Warum wir dann an Land gingen, auf Bäume und wieder hinunter kletterten, Disneyland bauten und uns bei Facebook registrierten, ist ein allgemeines wissenschaftliches Rätsel.

den Weg des Wassers perfektioniert und erreichen mit einem Mindestmaß an Aufwand den größtmöglichen Effekt.

Wasser hat aber noch weitere Qualitäten. Es ist nach wie vor überlebenswichtig für uns. Ein gesunder Mensch kann 30 bis 70 Tage ohne Nahrung auskommen, ohne Wasser schafft er es aber nur drei bis vier Tage, bevor er verdurstet. Ebenso braucht die Erde Regen, um fruchtbar zu sein und Nahrung für uns und alle anderen Tiere hervorzubringen. Und die Ozeane erzeugen ca. 75 % des Sauerstoffs auf der Erde, weit mehr also als unsere Wälder. Ohne Ozeane würden alle anderen Ökosysteme zusammenbrechen.

Manche Menschen schaffen es, all diese Qualitäten des Wassers in sich zu vereinigen. Ein Gespräch mit ihnen ist wie ein kühles Glas Wasser an einem heißen Tag. Es erfrischt unseren Körper und unseren Geist, macht uns wach und klar. Viele andere Menschen verdursten seelisch und wir können ihnen unsere Worte (und manchmal auch unser gemeinsames Schweigen) als fruchtbaren Durstlöscher anbieten. Wir können sowohl unser als auch ihr Innerstes bewässern. Die Erfahrungen unseres eigenen Weges können allesamt in uns einsickern und uns innerlich erblühen lassen. Unsere geteilten Erfahrungen vermögen dies bei anderen zu bewirken, so dass sie selbst ihre eigenen Schritte, losgelöst von einengenden und trockenen Dogmen, machen. Wenn unser Inneres ein Garten ist, dann ist das Finden unseres eigenen spirituellen Weges wie Wasser, welches diesen Garten erst zu der Schönheit führt, die ihm als Potential von jeher innewohnt.

Duane Elgin, Sozialwissenschaftler und spiritueller Visionär, unterscheidet drei Phasen des menschlichen Erwachens in ein lebendig wahrgenommenes Universum. In der ersten Phase geht es um Beobachten und Reflektieren, in der zweiten Phase um ein erstes Eintauchen, ein Sich-Verbinden und ein intensiviertes Kommunizieren, die dritte Phase ist gekennzeichnet durch ein wirkliches Teilnehmen, ein Mit-Fließen. Das Bewusstsein für ein lebendiges Universum ist für ihn ein ozeanisches Bewusstsein. Teilhabe ist Fließen, Teilhabe ist das Schwimmen im Ozean, das Gefühl der Verbundenheit auf der absolut tiefsten Ebene, ein Eintauchen in das Meer der Wirklichkeit, so dass dieses uns umgibt und berührt.

Erde

War unser Planet zunächst ein von extremer Hitze geprägter Lava-See, in den immer wieder riesige Gesteinsbrocken einschlugen, die durch die

Gravitation der Urerde angezogen worden waren, kühlte sich das System irgendwann merklich ab und die Erdkruste verfestigte sich. Die kontinentale Erdkruste hat heute eine Dicke zwischen 30 und 70 km, darunter ist es immer noch flüssig. Bei einem mittleren Erddurchmesser von 12.742 km ist das nicht sonderlich viel fester Boden unter unseren Füßen, aber allemal ausreichend.

Zuerst bewegten wir uns auf allen vieren über den Erdboden und das auch nur zögernd und eher im Notfall. Viel sicherer war es auf den Bäumen, die uns Schutz boten vor Räubern am Boden. Doch die Evolution schritt voran, wir pflanzten uns weiter fort und brauchten mehr Lebensraum. Das Aufrichten auf unsere Hinterbeine erlaubte uns auch im hohen Steppengras einen guten Überblick zu bewahren und ermöglichte uns, uns weiter auszubreiten, indem wir auf Wanderschaft gingen. In diesen Steppen Afrikas berührten unsere nackten Fußsohlen die Erde, die aufgewärmt von der Sonne zu uns sang. Wir hörten die Lieder der Erde, ihre Melodien, die uns fortlockten, die uns dazu brachten, immer weiter zu gehen. Die Kraft des Bodens floss durch unsere Fußsohlen in unseren Körper hinein, die Wärme breitete sich in uns aus und das Geräusch unserer Schritte mischte sich mit dem Rhythmus der Erdlieder. In Verbindung mit dem Regen, der auch unsere Gesichter benetzte, brachte die Erde eine wahre Fülle von Pflanzen hervor, die für uns essbar waren und unser Fortbestehen sicherten. Sie nährte auch andere Tiere, die wir jagten und die uns mit ihren Körpern Nahrung schenkten. Wir sahen tote Tiere, die in der Sonne verwesten und zerfielen, sich wieder in die Erde hinein auflösten. Wir erkannten, dass das Leben aus dem Schoß der Erde geboren wird und unsere erste Gottesvorstellung war die Große Mutter, die alles Leben hervorbringt und am Ende wieder in sich aufnimmt.

Die Erde bringt Fülle hervor und ist selbst Fülle. Eine Handvoll gesunder Boden enthält ungefähr so viele Mikroorganismen, wie dieser Planet Menschen beherbergt. Blätter, die im Herbst von den Bäumen fallen, werden nach und nach in Humus umgewandelt. Eine asphaltierte Allee wäre nach ein paar Jahren ohne menschliche Pflege nicht mehr zu sehen. Neue Erde würde sich ausbreiten, in der wiederum Samen keimen und neue Pflanzen entstehen, die ihrerseits Blätter abwerfen und so abermals neuen Boden erzeugen[15].

Die Fruchtbarkeit des Bodens ist unsere Fruchtbarkeit. Ohne den Boden unter unseren Füßen können wir nicht leben. Abgetrennt von dieser Fruchtbarkeit können wir nicht leben. Ist der Boden gesund, bringt er gesunde Pflanzen und Nahrungsmittel hervor, die uns gesund erhalten.

Gleichzeitig vermittelt uns die Erde Festigkeit, einen guten Stand. Die Erde erdet uns, wenn wir Gefahr laufen abzuheben. Gerade im spirituellen Kontext ist das Berühren der Erde, der wirkliche Kontakt sehr wichtig. Wenn wir uns stets in sogenannten „höheren Sphären" aufhalten, uns nur mit spirituellen Theorien beschäftigen, ist ein Waldspaziergang die beste Möglichkeit wieder auf den Boden der Tatsachen zurückzufinden. Unter unseren Füßen finden wir dann eine Spiritualität, die keiner großartigen Theorien bedarf, sondern die einfach auf ganz natürliche Weise da ist. Wir stehen buchstäblich auf dem Leben, unter uns wimmelt es nur so vor ins Dasein brechenden Wesen, die dafür sorgen, dass alles wachsen kann. Wir stehen nicht auf den Schultern von Riesen, wie es so oft behauptet wird, sondern auf den Schultern von winzig kleinen Zwergen. Wie sie sind wir Teil eines größeren Komplexes und können unsererseits zum Humus für das Wachstum einer bewussten Kultur werden. Unsere Gedanken und Taten können fruchtbar oder aber unfruchtbar sein. Fruchtbar im Sinne ermutigender Worte an einen niedergeschlagenen Freund, aufbrechender Taten, die Neuland betreten, begeisternder Impulse, die wir mit unserer Kreativität wecken, mitreißendem Engagement für die Welt und all ihre Wesen, helfenden und fördernden Händen, die wir Kindern entgegenstrecken und einem Lächeln, das wir den Menschen in unserer unmittelbaren Umgebung schenken. Unfruchtbar sind unsere Gedanken und Taten, wenn sie von nichts als Angst bestimmt sind, wenn egoistische Motive uns leiten, wenn die Gier nach immer mehr uns bestimmt und wenn unser Denken rein materialistisch ausgeprägt ist, wir nur noch an dem interes-

15 Trotz dieses perfekt funktionierenden Systems gibt es immer weniger fruchtbaren Boden auf der Erde. Industrielle Überdüngung führt zu einem Absterben der Mikroorganismen und somit zum Tod des Bodens. Fortschreitende Urbanisierung führt zur Versiegelung des Bodens mit Beton. Abholzung von Wäldern führt zu Bodenerosion, entweder durch ein Abrutschen nach heftigen Regenfällen oder durch starke Winde, die die lose Krume forttragen können. Jährlich gehen so etwa 25 Milliarden Tonnen fruchtbarer Boden verloren. Eine dramatische Entwicklung besonders in Hinblick darauf, dass gleichzeitig die zu ernährende Weltbevölkerung immer weiter anwächst.

siert sind, was wir anfassen und messen können und wir uns ansonsten einem bloßen Zynismus hingeben.

Wir können zu fruchtbarer Erde werden, in der positive Samen gedeihen können oder zu unfruchtbarer Erde, in der alles verdorrt, was von wohlmeinenden Händen hineingelegt wird. Mit unserem Geist können wir Fruchtbarkeit und Wachstum begrüßen oder uns diesen Grundbedingungen des Lebens verweigern. Von der Erde können wir lernen zu geben und unterstützend zu sein, zu tragen und zu versorgen. Wir können nährende Mutter von Ideen sein, von neuen Gedanken und Revolutionen des Bewusstseins. Wir können lernen geduldig zu sein und Dinge in uns reifen zu lassen. Wir können lernen, das Dunkle und Tiefe als Ort des Wachstums zu begreifen, als Höhle unserer Seele, in der uns wahre Erkenntnis begegnen kann. Seán ÓLaoire[16] sagte einmal in einem Interview, dass die einzige Sünde, die er kenne, die Haltung sei, nicht wachsen zu wollen. Wenn wir uns dem Wachstum verschließen, bleiben wir nur ein Keim in der Erde, an den diese ihre Fruchtbarkeit verschwendet. Frei gegebene Geschenke ohne jeden Hintergedanken sollte man jedoch annehmen – auch das können wir von der Natur lernen. Die Erde schenkt sich auf ganz natürliche und ungezwungene Weise. Ihre Fruchtbarkeit gestaltet die Möglichkeiten, in denen das Leben sich ausprobieren kann, in denen wir uns ausprobieren können.

Luft

So wie der Ursprung des Menschen sich in Feuer und Wasser findet, ist sein Leben zwischen Himmel und Erde verortet. Für unsere Wurzeln brauchen wir Erde, Halt und Standfestigkeit, doch durch unsere Äste und Zweige muss Wind und Leichtigkeit wehen. Wir benötigen Luft nicht nur im unmittelbaren Sinn zum Atmen, sondern auch im erweiterten Sinn als Raum und Freiheit, in die hinein wir uns entfalten können.

Die Luft, mit der wir jeden Tag und jede Nacht unsere Lungen füllen ist ein hochkomplexes chemisches Gleichgewicht, welches sich in Millionen

16 Seán ÓLaoire ist ein irischstämmiger katholischer Priester, der 14 Jahre in Afrika lebte und nun eine sehr heterogene Pilgergemeinde in Kalifornien leitet. Da seine Theologie weitaus freier ist als die der Kirche und er sich auch mit allen Menschen befasst, die nicht die lächerlichen Moralansprüche der Kirche erfüllen (z.B. Schwule, Lesben, Geschiedene), darf er offiziell nicht mehr sein Priesteramt ausführen. Seine Homilien, von denen einige auf Deutsch in seinem Buch *Seelen auf Safari* erschienen sind, kann ich nur wärmstens empfehlen.

von Jahren gebildet hat. Ursprünglich gab es auf der Erde eine Atmosphäre, die nur aus Wasserstoff und Helium bestand und die uns alle erstickt oder aber zumindest alle mit einer Stimme wie Micky Maus ausgestattet hätte. Beides keine sonderlich erstrebenswerten Optionen. Diese Atmosphäre entwich jedoch auf wundersame Weise und wurde bei der Abkühlung der Erde und den damit einhergehenden ständigen Vulkanausbrüchen und den dabei entweichenden Gasen durch ein Gemisch aus Wasserdampf, Kohlendioxid und Schwefelwasserstoff ersetzt. Durch die Sonneneinstrahlung reicherten sich Kohlenstoffdioxide und Stickstoff an, der Wasserstoff machte sich auf den Weg ins All. Eine Zeit lang war Stickstoff der Hauptbestandteil unserer Atmosphäre, doch dann entwickelten sich in den Ozeanen die bereits erwähnten erstaunlichen Blaualgen, deren größte Fähigkeit die sogenannte oxygene Photosynthese ist, d.h. die Erzeugung von Sauerstoff beim Verarbeiten von Sonnenlicht. Blaualgen gehören zu den ältesten Lebewesen der Welt und wir verdanken ihnen bzw. dem Abfallprodukt ihrer Ernährung (denn nichts anderes ist Sauerstoff) buchstäblich unsere Existenz. Es dauerte weitere 400 Millionen Jahre bis sich die erste Ozonschicht bilden konnte. Dann erblühten die ersten Landpflanzen, die ebenfalls Sauerstoff produzierten und vor ca. 350 Millionen Jahren war dann eine Atmosphäre entstanden, die unserer heutigen gleicht. Ein paar tiefe Atemzüge später kletterten wir von den Bäumen und verstopften unsere Städte mit so vielen Autos, dass wir mit „Smog" ein neues Wort für den Dreck, den wir machen, erfinden mussten. Aber das ist eine Geschichte für sich, die an anderer Stelle abgehandelt werden muss.

Wir atmen Luft ein, filtern den Sauerstoff mithilfe unserer Lungen heraus, leiten ihn in unserem Blut zu unseren Organen, versorgen so unseren Körper und atmen Kohlendioxid wieder aus, welches von den Pflanzen zu ihrer eigenen Ernährung gebraucht wird. Der Abfallstoff dieses Prozesses ist wiederum Sauerstoff… und so geht dieser faszinierende Kreislauf immer weiter und weiter. Wir atmen ein, was andere Wesen ausatmen, werden von ihnen genährt und nähren sie.

Luft ist für uns das, was die Erde umgibt und was den Himmel füllt, wenn auch die chemische Zusammensetzung je nach Höhe variiert. Luft ist selbst unsichtbar, gibt den Blick frei auf Wiesen, Hügel, Seen und Berge. Luft ist Raum für Wolken und für Träume, für Wolkenwesen unserer Fantasie und für Luftschlösser. Luft ist Ort der Winde, die über dem Atlantik entstehen, die Bäume vor unseren Fenstern schütteln, Pflanzensamen verteilen und somit biologische Diversität ermöglichen. Luft ist der Lebensraum gefiederter Wesen, die lautlos dahingleiten, aufgeregt flattern, rufend nach Süden ziehen oder zielgerichtet bei der Jagd herabstürzen.

Nichts stellt für uns ein besseres Bild des offenen Raumes dar wie ein klarer Himmel. Luft und Himmel sind Weite, sind Ort gewaltiger Kräfte, die in Form von Orkanen und Tornados Bäume entwurzeln und Häuser zerstören. Wir schauen zum Himmel auf der Suche nach dem Unerklärbaren. Das Blau unserer Atmosphäre ist die Sehnsucht nach dem Mysterium, Wind durchstreift unser Innerstes, durchfährt uns, lockt uns mit fernen Düften ins Unbekannte. Wenn man Menschen einsperrt, raubt man ihnen den Himmel, die Weite, den klaren Raum. Wir brauchen den freien Himmel über uns, um die Freiheit in uns zu spüren. Wir brauchen die Weite, die sich scheinbar unendlich vor uns ausbreitet, die unsere Fantasie über den Horizont hinausruft und unserer Seele zuraunt, dass wir immer noch einen Schritt weiter gehen können. Wenn wir die Augen schließen und den Wind auf unserem Gesicht spüren, berührt uns ein weiter Weg. Ein weiter Weg feuchter Luftströme aus dem nordatlantischen Gebiet, ein weiter Weg warmen Segens aus entlegenen Teilen Afrikas, ein weiter Weg tropischer Umarmung, ein weiter Weg frischen Duftes irischer Wiesen. Wir geben unseren Atem in den Wind und reisen auf ihm um die Welt, können überall sein wie unser Geist, wie der Himmel, wie der klare Raum.

Luft, die zuvor in Asien und Russland, in Spanien und Belgien war, erfüllt uns und durchdringt uns. Wind, der über die schottischen Highlands strich, der an der Küste der Bretagne spielte, ist in unseren Lungen, in unserem Blut und unseren Zellen.

Wir können in der Luft unsere Verbindung zu allem sehen, wir können von ihr lernen, unsichtbar wirksam zu sein und unser Ego nicht in den Mittelpunkt zu stellen, wir können lernen, Grenzen zu überschreiten und Weite zu leben. Wir können lernen aus unseren Gedanken immer neue Formen zu weben, wie es die Luft mit Wolken tut. Wir können wie der Wind Gedankensamen weitertragen und die Vielfalt mehren. Doch wir müssen auch darauf achten, genügend Erde unter unseren Füßen zu haben, so dass diese Samen auch Boden haben, um zu keimen und Neues hervorzubringen. Wenn unsere Gedanken nur fliegen und niemals den Boden berühren, werden sie sich irgendwann einfach auflösen, im Wind zerfasern und verschwinden. Das Element Luft bietet Weite und Offenheit, aber trägt auch die Gefahr des Abhebens in sich, das Verlassen des Bodens, das allzu luftig sein, unverbindlich, fahrig, in alle Winde ver- und zerstreut. Luft ohne Erde ist Träumerei, die nichts in Handlung umsetzt, Erde ohne Luft ist schwer und träge, der Handlung fehlt Fantasie und sie bleibt oft Wiederholung des immer selben. Luft muss mit Erde kombiniert werden, Einfallsreichtum mit geschickter Handlung verbunden werden.

Die Qualitäten der einzelnen Elemente in uns selbst in Einklang zu bringen, obliegt jedem einzelnen Menschen. Dem einen gelingt das spielerisch, der andere muss sich sehr anstrengen, um sich nicht von einer Qualität davontragen zu lassen und die anderen dabei zu vergessen oder sich in den destruktiven Eigenschaften der einzelnen Elemente zu verlieren. Wir können die einzelnen Elemente betrachten, uns ihnen aussetzen und dabei viel über uns selbst lernen. Alle Elemente sind um uns herum und ermöglichen unser Leben. Gleichzeitig sind sie in uns und formen unseren Charakter, beleben uns, nähren uns, begeistern uns. Sie rufen uns aber auch zur Handlung auf, wollen unsere Fruchtbarkeit und somit die Fruchtbarkeit der Welt mehren. Hier geht es um Teilhabe, nicht um bloßes Betrachten der Welt als Ausstellungsstück. Um es mit einem weiteren Bild zu sagen:

Der Wind weht überall, aber wenn wir nicht für den Rest unseres Lebens am Ufer stehen und nur auf die Wellen starren wollen, wenn wir nicht nur Zuschauer des Lebens sein wollen, dann müssen wir unsere Segel setzen, den Wind nutzen und in das größte Abenteuer starten, das wir uns nur vorstellen können. Ein Abenteuer, das uns an äußere wie innere Orte des Staunens und Entdeckens führt.

Staunen heißt, mit neuen Augen sehen...

Um zur totalen Wahrnehmung eines Gegenstands zu gelangen, muss ich ihn zum tausendsten Mal als etwas völlig Fremdes in den Blick fassen.
Henry David Thoreau

In meinem Leben gibt es zwei ganz besondere Meisterinnen. Sie sind ungefähr 95 und 115 Zentimeter groß, rennen und hüpfen gerne und tragen am liebsten rosafarbene Frottee-Schlafanzüge mit Ponys und Sternchen. Sie sind ständig umgeben von einer wilden Horde aus Bären, Affen, Hunden, Löwen und Pferden. Schwer beschäftigt versorgen sie alle ihre Stofftiere, immer darauf bedacht, dass auch alle von ihren Keksen probieren können.

Dann fährt draußen auf der Straße ein Müllwagen oder ein Bagger vorbei – und sie stehen am Fenster, völlig absorbiert, aufgelöst im Schauen...

Die Kinder sind fort. Beobachter und Objekt der Beobachtung werden eine Einheit, nur für einen Augenblick, in dem der Geist ganz frei wird. Doch dieser Augenblick ist neu, ist frisch und unbelastet. Der Geist ist Raum. Er ist einfaches Sein im Prozess des Schauens. Eine Teilhabe an etwas Außergewöhnlichem, was so niemals wiederkehren wird und welches den Zauber des gegenwärtigen Moments in sich trägt.

Kindliches Staunen ist die Kunst der absichtslosen Beobachtung.

Befreit von allen kulturellen und traditionellen Schranken dringt sie zur Essenz der Meditation vor: Sehen!

Sehen mit neuen Augen, ohne dass unser Gehirn gleich eine Geschichte um das Gesehene herum spinnt. Einfach wahrnehmen, was ist. Ohne Vorurteile, ohne vorgefertigtes Wissen. Nichts muss in Schubladen und Kategorien eingeordnet werden, alles kann so bleiben wie es ist.

Geht da nicht genug vor sich, wenn ich achtsam lausche und beobachte? In jedem Augenblick, bereit, neu entdeckt zu werden? Die Heizung macht Geräusche, ein Hund bellt, ein Auto fährt vorbei...

Müssen wir die Konzentration auf etwas Besonderes fokussieren? Was wollen wir kontrollieren? Können wir innehalten und einfach in unsere Abfolge von Denken und Reagieren hineinlauschen, wie sie sich jeden Moment in uns offenbart? Können wir unsere Gefühle direkt wahrnehmen ohne den Umweg über das Denken? Ist es möglich, in offenem Gewahrsein zu hören und zu sehen?

Wenn ich mit meinen Töchtern einen Spaziergang mache, bleiben wir oft vor einem Baum stehen. Äste, Blätter, Eicheln.

Ich merke, wie mein Geist sich selbständig macht und wie er unterteilt in schön oder nicht so schön, schützenswert oder nutzbar und so weiter... Mein Gedanken-Radio plärrt vor sich hin: Wie lange steht er schon hier? Was hat er schon erlebt? Und abstrakter, weil ich das so gerne mag: Was ist sein Wesen? Ist er geschaffen? Oder hat er sich einfach aus dem Sein heraus entfaltet?

Ein Christ mag ihn als Schöpfung Gottes betrachten, ein Hindu als Manifestation Krishnas, ein Buddhist sieht ihn als ein zusammengesetztes, unbeständiges und vergängliches Etwas, der Materialist sieht ihn als Ansammlung von Molekülen. Je mehr Theorie und Konzept, desto weniger Welt!

Meine Töchter sind weiser und machen sich solche Gedanken nicht. Sie sehen den Baum als Baum. So wie er ist. In seinem eigenen So-Sein.

Können auch wir sehen ohne wissen zu wollen? Einfach wahrnehmen?

Können wir jetzt unsere neuen Augen öffnen und eine neue Welt sehen?

Neulich habe ich ihnen ein Buch mit dem Titel „Gott, Allah, Buddha. Und woran glaubst du?“ vorgelesen.

Und als ich ihnen diese Frage des Buchtitels stellte, überlegten sie kurz und eine von ihnen sagte dann freudestrahlend: „An Zöpfe!“

Näher kann man der Erleuchtung wohl nicht kommen...

Unsere Fähigkeit zu staunen kann sich auf vielfältige Weise zeigen. Jeden Menschen faszinieren andere Dinge, andere Momente. Doch wenn wir unsere Augen wirklich öffnen, werden wir alle etwas finden, was uns zu mystischen Erfahrungen führen kann. Unsere Augen wirklich zu öffnen, meint, unsere Kategorisierungsversuche zu unterlassen und die Phänomene so anzunehmen wie sie sind. Viele Menschen meinen, eine tiefgründige Spiritualität würde darin bestehen, „hinter die Dinge“ zu blicken, hinter die konkreten Erscheinungsformen in einen allgemeinen Bereich der Ideen oder des göttlichen Schöpfungsprinzips zu schauen. Doch mit der Fokussierung auf das Allgemeine – welches es nicht losgelöst vom Konkreten gibt – tun wir nur eines: Wir schauen an den Dingen vorbei und erblicken nichts anderes als unsere Vorstellungen von ihnen. Damit werden wir weder den Dingen gerecht, denn wir nehmen sie gar nicht wirklich wahr, als auch uns selbst, denn wir verbauen uns die Erfahrung etwas Neues – die Wirklichkeit – zu sehen.

Vor 13,7 Milliarden Jahren bildete sich unser Universum. Wir wissen nicht, woher es kam und was es hervorbrachte. Wir kennen auch nicht seine Ziele oder Absichten, falls es denn welche jenseits des bloßen Existierens geben sollte.

Irgendwann verdichtete sich diese pure Explosion von ungeheurer Energie, Elemente bildeten sich, Masse, Sonnen, Planeten. Bakterien und Einzeller erschienen, bildeten sich heraus aus dem formlos Lebendigen. Millionen Jahre vergingen, in denen sich das Universum mit immer neuen Formen selbst überraschte: Fische, Reptilien, Wirbeltiere. Irgendwann Hirsche, Elefanten, Marienkäfer. Hominide stiegen von den Bäumen, durchquerten die Steppen Afrikas, machten sich auf den Weg nach Norden, entwickelten sich, entdeckten sich. Kulturen entstanden und vergingen wieder. Neues erblühte, veränderte sich, entwickelte sich.

Und irgendwann, nach 13,7 Milliarden unglaublichen Jahren formten sich aus der ursprünglichen Energie dieses ersten Aufblitzens des Universums ins Sein, diese speziellen Hautzellen, die miteinander die warme Haut bilden, die wir so gern berühren. Der Mensch, den wir lieben, trat ins Dasein. Nach so einer unendlich langen Zeit war dieser Mensch auf einmal in dieser Welt. Wir trafen uns, sahen uns in die Augen und entdeckten unsere Fähigkeit zu lieben. So lange waren wir beide nur ein Traum in einem sich entfaltenden Kosmos. Jetzt sind wir nach Äonen Wirklichkeit geworden und das Universum erfährt durch unser Bewusstsein unsere einzigartige Form der Liebe, erfährt etwas von sich, was es ohne uns nicht erfahren könnte.

Ist das nicht Grund genug, um für den Rest des Lebens zu staunen?

Unsere Fähigkeit, Schönheit zu erfahren und über diesen ganzen Prozess zu staunen, bringt uns in Verbindung mit allem, was in diesem Kosmos lebt. Denn dieses Staunen über unser eigenes Hier-Sein ist uns allen zu eigen, wenn wir das Glück des Lebendig-Seins nicht als selbstverständlich ansehen. Dieses Leben ist ein Sakrament, obwohl wir nicht wissen, woher es kommt oder wohin es gehen wird. Wir müssen es auch nicht verstehen oder etwa das, was wir wahrnehmen mit unseren Kenntnissen über die Bibel, das Tao Te King oder das Dhammapada abgleichen. Wir müssen uns nur berühren lassen.

Das Rätsel unseres eigenen Lebens kann uns erschüttern und mit Ehrfurcht erfüllen. In uns vibriert etwas Heiliges, eine Liebe zum Leben als solchem.

In der Natur können wir das Heilige entdecken und feiern. Wir können dabei selbst heil werden, unseren ureigenen Platz in diesem Kosmos enthüllen. Wir können Rehe und Fasane sehen. Wir können die Urgewalt von Vulkanen betrachten und die filigrane Schönheit von Torfmoos bewundern. Wir können die Sterne sehen und wir können auf unsere Hände schauen, die aus den gleichen Elementen wie diese weit entfernten Riesen gebildet sind. Die Sterne geben sich hin – unsere Sonne wandelt z.B. jede Minute 4 Milliarden Tonnen ihrer eigenen Masse in Energie (Sonnenlicht und -wärme) um, die unser Leben hier auf der Erde ermöglicht. Unsere Hände können sich ebenfalls hingeben, können Instrumente unseres Herzens sein, können Liebe schenken, Zärtlichkeit und Annahme.

Wir können beim Blick in den Sternenhimmel die Heiligkeit des Kosmos entdecken, das, was alles zusammenhält, den Raum zwischen den Sternen, der mit einer Energie erfüllt ist, die auch in uns spürbar ist und die in unterschiedlichen Kulturen verschiedene Namen trägt wie etwa Nwyfre bei den Kelten, Chi bei den Chinesen oder Prana bei den Indern. Im christlichen Kontext können wir diese Energie mit dem Heiligen Geist identifizieren, der alles durchdringt, erfüllt und miteinander verwebt.

Wir können das Heilige sowohl zwischen den Sternen als auch zwischen uns Menschen entdecken. Wir können die innewohnende Heiligkeit von Liebe und Sexualität erfahren und sie mehr und mehr in unser Leben einladen. Sehnsucht, Verlangen und Verlockung verbinden uns mit dem Menschen, den wir lieben. Und sie weisen sowohl über uns als auch über den Geliebten/die Geliebte hinaus – etwas Größeres geschieht in unserer Begegnung, lässt unseren Geist und unser Herz im Kosmos schwimmen. Wir wissen, dass wir nicht getrennt voneinander sind, dass wir Teil eines großen Ganzen sind, welches unsere Individualität schätzt und braucht, um es selbst zu sein.

Wir können eine heilige und heilsame Kosmologie entwickeln und diese unseren Kindern vermitteln, so dass sie sich nicht als getrennt von der Welt lebende Individuen erfahren müssen. Wir können die Verbindungen aufzeigen, die zwischen uns und zwischen allen Wesen, Pflanzen und Mineralien bestehen. Heil meint ganz, meint verbunden, meint interagierend. Getrennt-Sein ist die große Illusion unserer Zeit.

Eine Illusion, die im einfachen Schauen, im Annehmen des gegenwärtigen Moments und im Staunen über das, was ist, stirbt. Wenn wir wirklich schauen, wenn unser Geist offen ist, dann fliegt der Vogel durch uns hindurch, dann ertönt sein Gesang in uns, und der Himmel, durch den er sich bewegt, ist in unserem Herzen. In diesem Moment gibt es kein Innen und kein Außen, sondern es gibt einfach nur das Sein, welches sich selbst durch unseren Wahrnehmungsprozess erfährt. Mein individueller Geist ist Teil der Vielfalt des großen Geistes. Ich sehe den Vogel anders als Sie ihn sehen. Unser beider Sicht ist Teil der Buntheit dessen, was geschieht. Unser beider Geist ist jeweils eine Facette im großen Geist. Jede Erfahrung, die wir machen ist in sich wertvoll und fügt dem Universum etwas hinzu, was zuvor noch nicht da war. Diese Mystik ist kein Auflösen des eigenen Seins in das Nichts hinein, sondern im Gegenteil ein Nachhausekommen des wahren Selbst zum warmen Herdfeuer des innersten Herzens des Kosmos. Dort sind wir geboren und dort können wir auch sein. Von dort aus können wir auf Wanderschaft gehen, auf Entdeckungsreise. Von diesem Ort aus können wir staunen und lieben, denn hier stehen uns nicht die selbstbezogenen Gedanken und Wünsche unseres kleinen Ego im Weg. Hier ist Offenheit und Raum für alles, was wir wirklich sind und was wir noch sein können.

Wenn wir alles mit unseren neuen, staunenden Augen betrachten, dann erkennen wir das Wunder, das in allem verborgen ist. Wir erkennen es in den kleinsten, alltäglichsten Dingen und uns wird klar, dass es nichts gibt, was nicht zum Wunder des gegenwärtigen Moments beiträgt. Das Jetzt besteht aus Millionen von Verbindungen, die sich durch den ganzen Kosmos ziehen und die gemeinsam unsere Erfahrung hervorbringen. Das betrifft wie gesagt auch die alltäglichsten Dinge, was folgende kleine Übung veranschaulichen soll.

Übung: Eine Zeitreise unternehmen

Das nächste Mal, wenn Sie sich für eine Mahlzeit an einen Tisch setzen, nehmen Sie sich bitte ein paar Minuten Zeit, Ihre Nahrung zu betrachten, bevor Sie mit dem Essen beginnen. Schauen Sie sich Ihren Teller und das, was sich darauf befindet, genau an. Machen Sie sich dann bewusst, dass jemand dieses Essen für Sie gekocht hat, seine Arbeit und Zeit investiert hat, um Ihnen etwas Schmackhaftes zuzubereiten. Machen Sie sich bewusst, dass jemand dafür gearbeitet hat, dass Sie oder derjenige, der das Essen gekocht hat, die Energie nutzen konnte, die für das Kochen der Nahrung nötig war. Irgendwo hat jemand Strom oder Gas produziert und für die Weiterleitung zu Ihrem Heim gesorgt. Andere Menschen haben beispielsweise die Nudeln produziert, die Sie nun auf Ihrem Teller vorfinden. Jemand hat den Hartweizengrieß hergestellt, der dafür verwendet wurde, jemand anderer wiederum hat den Weizen gesät, gepflegt und geerntet, der später weiterverarbeitet wurde. All diese Menschen, die an Ihrem Essen in irgendeiner Form beteiligt waren, hatten ihrerseits Eltern, die sie gezeugt und aufgezogen haben. Es war Luft zum Atmen da, so dass all diese Menschen leben konnten. Es war Sonnenlicht da, das sowohl für die Menschen als auch für den Weizen unentbehrlich war. Die Erde befand sich in genau der richtigen Entfernung zu dieser Sonne, so dass die Wärme der Sonne das Leben nährte und es nicht verbrannte. Es regnete, Bäche und Flüsse entstanden, ohne deren Wasser der Weizen niemals gewachsen wäre. Ohne dieses Wasser hätten auch die Generationen von Menschen, die letztlich zu „ihrem“ Bauern und „ihrem“ Nudelfabrikant geführt haben, niemals überlebt. Werden Sie sich bewusst, dass von ihrem Teller mit der köstlich duftenden Pasta eine Kette von Menschen und Bedingungen zurück durch Raum und Zeit bis zur Entstehung des Lebens selbst führt. All dies ist untrennbar miteinander verbunden. Das Eine könnte ohne das Andere nicht sein.

Mit jedem Bissen sind Sie mit allem, was ist, verbunden. Fühlen Sie die Größe dessen, was Sie auch in jeder noch so alltäglichen Situation umgibt?

Wenn wir uns diese immer weiterführenden und niemals endenden Zusammenhänge klar machen, entsteht in uns ein Gefühl der Dankbarkeit. Dankbarkeit für alles, was ist, denn wie Sie in der Übung sicherlich selbst gesehen haben, ist das Eine nicht ohne das Andere möglich. Alles hängt miteinander zusammen, bildet das große Netz des Lebens, in dem wir uns täglich bewegen und dessen Teil wir sind. So wie andere Wesen und Umstände uns bedingen, so bedingen wir wiederum andere und anderes. Das Wunder besteht in dieser grenzenlosen Verbindung, in diesem Geflecht des Seins, in dem der Wombat in Australien eine ebenso wichtige Rolle spielt wie der Präsident der USA[17].

Staunen, Liebe und Dankbarkeit verknüpfen sich zu unserer Erfahrung. Wir können uns selbst, unseren Geist, unsere Seele und unseren Körper als Wunder betrachten, an dem so vieles mitgewirkt hat. Wäre ein Mitwirken, ein Bestandteil anders geartet, so wären wir jemand anderer. Hätte Ihr Urururururgroßvater an diesem einen bestimmten Sommertag nicht seinen Geldbeutel verloren, wäre ihm niemals diese Frau bei seiner Suche begegnet, sie hätten sich nie verliebt, hätten keine Kinder gehabt und Sie selbst wären nicht Sie. Vielleicht hätte sich das Leben in Ihnen dann eher als Breitmaul-

---

17 Allerdings sind die Möglichkeiten des Wombats zur Zerstörung seiner Umwelt weit geringer ausgeprägt als bei der herangezogenen Vergleichsperson.

nashorn oder als Eberesche ausgedrückt. Aber die spezielle Erfahrung, die Sie nun in dieser Welt machen, hätte sich nicht verwirklicht.

Dem Universum fällt immer wieder etwas Neues ein. Irgendwann sind Sie ihm eingefallen. Und jetzt sind Sie da – bereit, Ihre einzigartige Menschlichkeit in die Welt einzubringen.

Der Wanderer

Nicht jeder, der wandert, ist verloren.
J.R.R. Tolkien

Von dem Ort in uns, der Staunen und Liebe hervorbringt und der uns voller Dankbarkeit auf den sich entfaltenden Kosmos blicken lässt, können wir auf Wanderschaft gehen. Wir brauchen kein Ziel, sondern Offenheit. Diese Offenheit macht einen wirklichen Wanderer aus, der spielerisch seinen eigenen Schritten folgt und sich dabei dem Wunder des Lebens hingibt.

Da das Universum alles enthält und alles durchdringt, brauche ich keine Kirche, keinen Priester, keine Dogmen, keinen speziellen Ort und keine spezielle Zeit. Nichts ist besonders, weil alles besonders ist. Alles ist spirituell – alles ist erfüllt vom Ganzen!

Die Welt breitet sich in all ihrer Vielfalt und Schönheit vor mir aus, bietet sich mir an, in ihr umherzustreifen. Wälder locken mit harzigem Duft und den Geräuschen und Gesängen ihrer unzähligen Bewohner, Berge hüllen sich in Mäntel aus Wolken und erstrahlen im nächsten Augenblick in den klaren Farben der Abendsonne, Flüsse und Bäche ziehen silberne Bänder durch das Land, Steppen bewegen sich wie wogende Gras-Meere vor meinen Augen und grüne Hügel tragen mich dem lockenden Wind entgegen. Städte pulsieren vor Leben, Menschenströme zeigen ihre vielfältigen Gesichter, ihre Kleidung, ihre Kulturen, ihre unterschiedlichen Sprachen.

Die Spiritualität eines Wanderers sieht all das und erkennt in allem das Eine. Es schimmert durch die Vielheit hindurch – ein Zauber, der allem zugrunde liegt.

Der Wanderer reist, um zu reisen, um unterwegs zu sein und zu lernen. Seine Bewegung ist eine freudige Manifestation des Seins. Er beobachtet, er staunt. Er meditiert, um zu meditieren, nicht, um ein Ziel in der Zukunft zu erreichen, nicht, um seine „spirituelle Entwicklung" voranzutreiben.

Er atmet die Welt ein. Er atmet die Welt aus. Und das ist so einfach wie es klingt. Überhaupt ist Einfachheit das Zauberwort. Einen Schritt vor den anderen, den Geist befreit von Begriffen, leer von Ideen über Erleuchtung, Fortschritt und Ankommen. Jeder Schritt ist einzigartig und in sich wertvoll, weil es in diesem Moment nur um diesen einen Schritt geht. Jeder Schritt ist vollständig und gleichzeitig Teil von etwas Größerem. Er ist Teil des ganzen Weges, von dem wir nicht wissen, wohin er uns führt.

Wir machen einen Schritt, berühren mit unserem Fuß den Boden, sind an einem anderen Ort als zuvor und doch immer in der Mitte unserer Welt. Unsere Erde ist eine Kugel und auf einer Kugel ist jeder Punkt die Mitte. Von hier sind es ca. 40.000 km um die Erde. Genauso wie von dem Ort, an dem Sie jetzt gerade stehen, sitzen oder liegen.

Den Geist eines Wanderers zu haben, bedeutet, dass Sie jeden Schritt voller Neugier und Staunen genießen. Mit dem Geist eines Wanderers führt der Weg nicht weiter, sondern tiefer. Sie kommen nicht irgendwo an, sondern Sie berühren den Ort wahrhaftig. Ihr Geist ist offen und durchlässig. Sie wissen, hier können Sie wie überall etwas lernen. Der Berg lehrt Sie Festigkeit und Standhaftigkeit. Der Fluss lehrt Sie, in Bewegung zu bleiben und Ihren Geist den Gegebenheiten anzupassen. Der Wind im hohen Gras zeigt Ihnen, dass starre Ideen und Konstrukte nicht immer hilfreich sind. Der Baum zeigt Ihnen, wie wichtig Wurzeln sind und wie Sie sich dem Himmel entgegenstrecken können, wenn sie fest in der Erde verankert sind.

Vom Müllmann können Sie so viel über Menschlichkeit lernen wie vom Universitätsprofessor. Vom Kleinkind bekommen Sie so viel Weisheit geschenkt wie vom spirituellen Lehrer, gleich welcher Tradition er oder sie angehören mag. Erna Müller sagt in ihrem Wohnzimmersessel in Gelsenkirchen oft Dinge, nach denen sich die Ghostwriter des Dalai Lamas oder des Papstes die Finger lecken würden.

Alles ist da, die Frage ist, ob Sie es wahrnehmen können.

Ein Wanderer ist leer und deshalb kann er Dinge aufnehmen. Die Weisheit, die ihm begegnet, trifft auf fruchtbaren Boden. Jeder positive Keim wächst in ihm, da seine innere Sonne nicht von starren Ansichten oder Theorien verdeckt wird.

Der Wanderer weiß, dass er auf dem Weg ist und dass er immer wieder einen Fuß vor den anderen setzen wird. Er weiß, dass sein Weg nicht der einzige Weg ist, dass seine Wahrheit nicht die einzige Wahrheit ist. Das Universum erscheint ihm als ein freundlicher Ort, weil seine Schritte ihn ständig mit allem, was ist, verbinden. Alles kann ihn nähren und alles kann ihm Erkenntnisse über die Welt und sich selbst vermitteln. Der Wanderer hat jede Menge Zeit, da er kein Ziel hat, welches er in einer bestimmten Zeit erreichen will. Seine Schritte, sein Atem und seine Begegnungen sind ihm genug.

Spüren Sie Ihre Schritte, wenn Sie gehen? Spüren Sie die Luft, die Ihre Hände und Ihr Gesicht berührt? Sehen Sie die Menschen, die Ihnen begegnen? Sehen Sie die Sorgen, Hoffnungen und die Freude in ihren Gesichtern? Riechen Sie die Luft? Fühlen Sie, wie der Atem in Ihre Lungen dringt und Sie mit Sauerstoff versorgt? Alles ist da für Sie. Es gibt keinen Mangel.

Wir sind wach, wandern ohne Ziel, aber offen für alle Eindrücke und Erfahrungen, die sich uns auf diesem Weg bieten. Jeder Schritt ist in sich vollkommen und bedarf keines geistigen Überbaus, welcher sich letztlich ohnehin nur als Fantasiegebilde entpuppt und somit den einzelnen Schritt möglicherweise entwertet. Der Schritt selbst ist wichtig, denn er ist Teil der Reise in der realen Welt der Phänomene, von der wir uns ohne Angst und aus ihr geborene Vorstellungen berühren lassen. Jeder Schritt ist eine eigene Reise zur persönlichen Entfaltung und somit zur Entfaltung des Universums, dessen Teil wir sind.

Wunder genug

Man nenne mir ein Volk, in dem keine unglaublichen Wunder geschahen, zumal in Zeiten, in denen nur wenige lesen und schreiben konnten.
Voltaire

Menschen, die spirituell interessiert sind, entwickeln oft eine Vorliebe für das Außergewöhnliche, fast so, als würde das Außergewöhnliche den spirituellen Weg rechtfertigen, als würden außergewöhnliche Fähigkeiten auf irgendeine Weise die spirituellen Erkenntnisse einer bestimmten Tradition beweisen.

Die Geschichten über den einen Guru, „der es wirklich drauf hat", können gar nicht abstrus genug sein, die eigenen Erlebnisse in Meditationen können gar nicht in ausreichend schillernden Farben berichtet werden und die LSD-Erfahrungen der kompletten GRATEFUL DEAD-Belegschaft nehmen sich bescheiden gegen diese Schilderungen aus. Wesen von anderen Planeten werden gechannelt, sogenannte aufgestiegene Meister übermitteln angeblich Botschaften, Erzengel haben nichts Besseres zu tun als mal eben einen Kommentar zum Jahr 2012 abzugeben und Menschen überwinden die Biologie ihrer Körper und ernähren sich ausschließlich von Licht.

Nehmen wir nur einmal für einen Moment an, diese ganzen Berichte würden den Tatsachen entsprechen: Was ändert all dies?

Warum wären Botschaften von Außerirdischen, die nichts anderes sagen als das, was uns seit Jahrtausenden bekannt ist, wichtiger als die gleiche Aussage vom Blumenhändler an der Ecke? Warum würde der Umstand, dass ein indischer Guru an zwei Orten gleichzeitig auftauchen kann, seiner Aussage mehr Gewicht verleihen? Warum würden die Wundmale Christi an einem Prediger seine Meinung über die Erbsünde richtiger machen?

Das Außergewöhnliche beweist gar nichts, abgesehen von der meist blühenden Fantasie und der Sehnsucht nach Besonderheit derjenigen, die diese Geschichten kolportieren.

Hingegen beweist die Welt in ihrem einfachen Sein, dass wir tagtäglich von Wundern umgeben sind, gegen die jeder levitierende Fakir ein schlechter Witz ist. Hier eine kleine Auswahl von ganz normalen Wundern, die uns, wenn wir unsere Augen für sie öffnen, den Atem rauben können:

Das Herz eines Blauwals wiegt durchschnittlich zwischen 600 kg und einer Tonne. Es schlägt etwa 18 bis 20 Mal in der Minute und pumpt ca. 10.000 Liter Blut durch den Körper. Im Gegensatz dazu schlägt das Herz eines Kolibris etwa 700 bis 1.000 Mal in der Minute. Und der kleinste dieser Vögel verfügt über die imposante Körpermasse von 1,7 Gramm. Ein Gepard beschleunigt bei der Jagd durch reine Muskelkraft in drei Sekunden von null auf 120 km/h. Die größten Mammutbäume haben einen Stammdurchmesser von 13 Metern. Die ältesten Wesen dieser Art sind ca. 3.000 Jahre alt, d.h. als Jesus durch die Wüste Galiläas zog, verfügten diese Bäume bereits über 1.000 Jahre Lebenserfahrung[18].

Der tropische Rhinozeros-Käfer kann das 850fache seines Körpergewichts tragen. Im Vergleich müsste ich also ganz entspannt Einkaufstüten mit dem Gewicht von 72.250 kg nach Hause schleppen. Ein gewöhnlicher Floh kann 200-mal so weit springen wie er groß ist. Wieder der Vergleich zu meiner Wenigkeit: Um mich wirklich mit dem Floh zu messen, müsste ich 370 Meter weit springen. Ich frage mich, wieviel Anlauf ich wohl dafür bräuchte… Die am weitesten entfernte Galaxie, die Menschen durch das *Very Large Telescope* der Europäischen Südsternwarte beobachten konnten, ist die sehr poetisch benannte Radiogalaxie TN J1338-1942. Sie befindet sich in 13,5 Milliarden Lichtjahren Entfernung! Man kann sich das nicht wirklich vorstellen. Wenn diese Galaxie heute in einer riesigen Explosion vernichtet wird, sehen wir diese Explosion mit dem *Very Large Telescope* erst in 13,5 Milliarden Jahren, weil das Licht so lange braucht, bis es die Reise durch das Universum zu uns zurückgelegt hat.

Man könnte mit solchen Tatsachen ein ganzes Buch füllen (und ehrlich gesagt, bin ich wirklich in Versuchung!), aber eines wird auch nach diesen wenigen Beispielen klar: Die natürliche Welt beinhaltet genug Wunder, die uns deutlich machen, in was für einem unglaublichen Zauber wir uns be-

18 Vielleicht sind sie aus diesem Grund weder Christen noch Buddhisten oder Moslems…

finden. Und das sind nur die Wunder, die sich auf einfache Weise in Zahlen ausdrücken lassen. Die Wunder der Schönheit und Ästhetik, wie der ungebändigte Galopp eines Wildpferdes, die Wunder der Farbe, wie das unnachahmliche Blau am Hals eines Pfaus, die Wunder der Kommunikation, wie der Tanz von Bienen oder die komplexen Lautäußerungen von Delfinen, haben wir dabei noch gar nicht bedacht.

Der Zauber des Lebens, den dieses Universum hervorgebracht hat, ist verblüffender als alles, was sich unsere Fantasie auszudenken vermag.

Öffnen wir unsere Augen, dann ist das alles viel außergewöhnlicher als jeder Erzengel, der uns bedeutungsschwanger zuraunt: „Sei nett zu deinem Nachbarn!"

Wir sind beständig von Wundern umgeben, die unsere Vorstellungskraft sprengen, die unseren Geist erweitern und die uns in Bereiche vordringen lassen, deren Schönheit und Eleganz, Würde und Kraft unser Herz tief berühren.

Viele Menschen sehnen sich nach dem Außergewöhnlichen, dem Übernatürlichen, das ihr Leben grundlegend verändert. Etwas, das ihren Alltag auf den Kopf stellt und sie von ihrer quälenden Langeweile befreit.

Doch was könnte spiritueller sein als das Leben selbst? Langeweile empfinden nur Menschen, die vergessen haben wie man hinschaut.

Wenn ich darauf warte, dass die Wolken sich öffnen und ein mild lächelnder bärtiger Mann sich mir als der Herrgott persönlich offenbart und mir meine besondere Rolle in der bevorstehenden Apokalypse zuweist, werde ich wohl lange warten müssen und dabei das wirkliche Leben an mir vorbeirauschen lassen. Wenn ich jedoch meine Augen für das alltägliche Wunder dieses Kosmos öffne, kann ich getrost auf den Fingerzeig aus dem Himmel verzichten. Alles, was ist, ist dann Zeichen der grundlegenden Heiligkeit des Seins. Alles ist wertvoll und ehrfurchtgebietend. Ob ich eine Ameise dabei beobachte wie sie ein Blatt mit sich herumträgt, das Aufkommen eines Sommergewitters mit meinen Sinnen vernehme oder einfach in den Spiegel schaue und mich erstaunt, dass ich überhaupt sehen kann und mir bewusst ist, dass ich es bin, den ich dort sehe – alles ist voller Wunder.

Wenn wir wahrhaft sehen können, befinden wir uns im Zentrum einer galaktischen Zaubershow. Erste Reihe, Cocktails inklusive!

Übung: Das Wunder Ihrer Hand

Setzen Sie sich bequem irgendwo hin. Dann führen Sie eine Ihrer Hände vor Ihre Augen. Heben Sie sie so, dass Sie sie drehen und von allen Seiten betrachten können. Schauen Sie sich genau Ihre Hand an: Den opponierbaren Daumen, die Finger, die Haut, die kleinen (oder größeren) Härchen auf dem Handrücken, die Fingernägel, die Handfläche...

Denken Sie daran, was Sie mit dieser Hand alles machen können, von Violine spielen bis Schnürsenkel binden, von Butterbrote schmieren bis Karate, von feinen Arbeiten an einem winzigen Uhrwerk bis zum Greifen schwerer Hanteln in Ihrem Fitness-Studio.

Machen Sie sich bewusst, wie lange es gedauert hat, bis die Evolution dieses Wunderwerk hervorgebracht hat und was sich dadurch alles an Möglichkeiten und Veränderungen ergab. Denken Sie an die ersten Werkzeuge, die unsere Vorfahren aufgrund ihrer Hände herstellen und benutzen konnten. Denken Sie an die Errungenschaften, die wir seitdem unserer Hände Geschicklichkeit und Arbeit zu verdanken haben. Machen Sie sich bewusst, dass wenn Sie Ihre Hand benutzen, 27 Knochen in perfekt synchronisierter Bewegung gehalten werden, unterstützt von einer komplexen Muskulatur. Wenn Sie etwas greifen oder berühren, vermitteln allein in der Handfläche 17.000 Fühlkörperchen ihrem Gehirn die Erfahrung des berührten Gegenstandes. Stellen Sie sich vor, dass die Finger Ihrer Hand sich im Laufe Ihres Lebens ungefähr 25 Millionen Mal beugen und strecken.

Machen Sie sich bewusst, dass dieses Wunder nur einen Teil Ihres Körpers ausmacht, wobei jeder weitere Teil seine eigenen Wunder bereithält.

Fühlen Sie ein tiefes „Wow!“ in sich aufsteigen und lesen Sie dann weiter...

Nicht-Wissen

Lebe jetzt die Fragen.
Vielleicht lebst Du dann allmählich,
eines fernen Tages, in die Antwort hinein.
Rainer Maria Rilke

Wir alle haben unglaublich viele Fragen – und jeden Tag kommen neue hinzu. Wir fragen uns, woher wir kommen, warum wir hier sind, wohin unser Weg uns führen wird. Wir fragen uns, ob es nach unserem Tod in irgendeiner Form weitergehen wird – und wenn wir diese Frage bejahen, fragen wir uns, ob es den vor uns Gestorbenen dort, wo sie jetzt sind, gut geht.

Wir fragen uns auch, wie wir die Situation auf unserem Planeten in den Griff bekommen können, wie wir eine Zukunft für unsere Kinder und Enkel ermöglichen können.

Von vielen Seiten kommen Antworten, manche qualifiziert, manche weniger geeignet, etwas Sinnvolles beizutragen. Manche praktischen Dinge können wir so klären – wir hören gegebenen Antworten zu, gleichen ab, forschen selbst nach und kommen schließlich zu einer für uns gültigen Antwort. Wir entscheiden uns für die Antwort, die am besten unserem gegenwärtigen Paradigma entspricht. Wissenschaften tragen ihren Teil dazu bei, uns die Welt zu erklären. Ihre sich teils widersprechenden Antworten nehmen wir auf soweit es uns möglich ist und bilden aus einem ganzen Konglomerat von Gegebenem unsere Meinung über einen gewissen Sachverhalt.

Doch auf manche Fragen kann man nicht antworten. Nicht, dass es nicht genügend Menschen gäbe, die das dennoch versuchen. Überall findet man Antworten auf Fragen, auf die es im Grunde keine Antworten gibt.

„Was macht mich wirklich glücklich?“ – Wer soll mir darauf eine Antwort geben?

„Wo ist mein Platz in diesem Kosmos?" – Wer könnte mir das verraten?

„Was ist mein wirkliches Talent, meine Gabe, die ich mit der Welt teilen kann?" – Wenn ich nicht selbst weiß, wofür mein Herz schlägt, wer sonst soll es mir sagen können?[19]

Die Welt strömt über vor Antworten. Die meisten führen zu weiteren Fragen und Unklarheiten. Tief in uns wissen wir das, aber dennoch hören wir nicht auf, uns immer neue Antworten anzuhören. Was lässt uns immer weiter machen? Warum haben wir solche Angst davor zu sagen: „Ich weiß es nicht"? Antworten vermitteln uns ein Gefühl von Sicherheit. Die Welt ist geordnet und nicht unerklärlich. Mit jeder Antwort weise ich einem Ding oder einem Umstand seinen Platz zu, von dem ich denke, dass es dort hingehört. Einen Platz, von dem keine Bedrohung mehr ausgeht.

Die Antwort hüllt die Angst ein wie ein luftdichter Verband. Doch die Wunde der Angst besteht unter dem Verband weiter – erst sieht man sie nicht mehr, doch irgendwann blutet sie durch. Sie wird nur versteckt, aber heilen wird sie so nicht.

Irgendwann müssen wir uns dazu durchringen, den Verband abzunehmen und Luft an die Angst zu lassen. Auch die Angst muss frei sein und atmen können. Nur dann wird sie irgendwann heilen können. Die Luft, die sie zur Heilung braucht, ist unsere Achtsamkeit.

Zuzugeben, nicht zu wissen, öffnet uns. Wir fragen in die Stille hinein und erwarten keine Antwort. Da sind nur wir, unsere Frage und unsere Angst. Wir sind frei, nicht zu wissen – uns nicht mit vorgegebenen Antworten zufrieden zu geben, uns nicht mit ihnen den offenen Blick auf die Dinge und Geschehnisse zu verstellen, sondern die Frage sich entwickeln zu lassen. Wir können sehen, wie die Frage unser Ego attackiert, welches immer aus Sicherheitsgründen alles ganz genau wissen möchte und deshalb, wenn es keine Antwort erhält, mit Angst und Rückzug reagiert. Doch wir können das halten – wir können Mitgefühl für uns selber aufbringen und müssen weder der Angst und ihren Reaktionen nachgeben noch vor der

19 Am meisten wundere ich mich aber über die in spirituellen Kreisen oft gestellte Frage „Was ist meine Aufgabe in diesem Leben?" Wenn man sich diese Frage stellt, sollte man folgende Dinge mit bedenken: 1. Wenn mir eine Aufgabe gestellt ist, muss es jemanden geben, der diese Aufgabe für mich formuliert hat. Wer sollte das sein? 2. Wenn es ein Wesen gibt, das mir eine Lebensaufgabe gestellt hat, wieso verrät es mir dann nicht den Inhalt dieser Aufgabe? 3. Wenn weder ich noch ein angenommenes Superwesen etwas über diese Aufgabe wissen, warum nehme ich dann an, dass gerade dieser Seminarleiter, dem ich noch nie zuvor begegnet bin, mir Auskunft erteilen kann?

Frage in Betäubung und kulturelle Ablenkungsmechanismen flüchten. Wir können mit der Frage sein und erkennen, dass diese Fragen es sind, die uns menschlich machen. In diese Menschlichkeit können wir uns entspannen und beginnen – für uns selbst meist unmerklich – langsam unsere eigene Antwort zu LEBEN. Die Art und Weise wie wir in der Welt sind, wird zu unserer Antwort. Der sokratische Ausspruch „Ich weiß, dass ich nichts weiß" ist der Beginn einer wirklichen Beziehung zum Leben. Das Bewusstsein des Nicht-Wissens, die Demut desjenigen, der nicht alle Antworten *hat* und die Freiheit desjenigen, der nicht alle Antworten *braucht*, öffnen uns für eine Wahrnehmung dessen, was wirklich ist. Nicht-Wissen ist gelebte Freiheit, die den Schleier aus tradierten aber unsinnigen Antworten hinwegreißt.

Unser Leben wird zu einer fortdauernden Kontemplation der Wirklichkeit. Die Stille zwischen den Sternen berührt die Stille in uns, die nicht von vermeintlichen Antworten übertönt wird. Jetzt berührt uns das Universum mit seinem gesamten Zauber und wir tauchen in das Mysterium des nackten Seins ein. Es ist, als würden wir eins mit der Frage, bis sie sich plötzlich auflöst – genau wie wir uns in diesem Prozess auflösen, bis „nur noch" das Universum übrig bleibt. *Etwas* löst sich auf, *Alles* bleibt. Wir werden zu reinem Gewahrsein dessen, was ist.

Es geht hier nicht um einen Anti-Intellektualismus. Viele Fragen können geklärt werden, wirkliche Antworten und Lösungen können gefunden werden, wenn man nicht zu faul ist, sich wirklich mit der Problematik auseinanderzusetzen und Dinge zu Ende zu denken. Doch die sogenannten „großen Fragen"?

Sie können beispielsweise die Frage „Was ist der Sinn des Lebens?" mit einem Freund diskutieren. Sie können im richtigen Moment zusammensitzen, in dem beide Gesprächspartner in einer innerlich weiten Stimmung sind, die solche Fragen aufkommen lässt. Sie können an diesem Herbstabend einen guten Rotwein zur Hand haben, leise gute Musik hören, die Sessel bequem, das Licht nicht zu hell und nicht zu dunkel. Sie wissen, dass Sie mit diesem Freund solche Dinge besprechen können, sich austauschen können, sich gegenseitig inspirieren können. Ihr Gespräch entwickelt sich, Versuche von Antworten entstehen, Erlebnisse werden miteinander geteilt, um das Gesagte zu verdeutlichen. Die Atmosphäre der Ehrlichkeit und Aufrichtigkeit berührt Sie zutiefst. Ihre Freundschaft steht fast greifbar im Raum und im gemeinsamen Schweigen zwischen den einzelnen Sätzen liegt ein wirkliches Einverständnis, ganz gleich, ob das Gesagte konträr war oder nicht.

Der Sinn des Lebens wird jedoch nicht eine Antwort sein, die sie zusammen in diesem Dialog entwickeln und formulieren. Der Sinn ist vielmehr der Abend selbst, das Teilen unserer innersten Gedanken, Gefühle, Träume und Wünsche. Das Zusammensein und das Vordringen des Geistes in sich selbst. Die Fragen, die wir in uns und im anderen entdecken. Dieser Ausdruck der Freundschaft ist Sinn genug – an solch einem Abend *erschaffen* wir Sinn[20].

Wie wir schon im Kapitel über das Staunen festgestellt haben, brauchen wir ganz neue Augen, um wirklich sehen zu können. Wir brauchen das Staunen eines Kindes, das Neue, das uns öffnet. Ein Dialog mit einem Freund ist einer der besten Wege zu neuen Perspektiven und neuen Gedanken zu kommen. Der Dialog hat seine eigene innere Dynamik, die wir nicht steuern können. Zu Beginn des Gesprächs wissen wir nicht, wo es uns hinführen wird. Da wir nicht dogmatisch verblendet sind, haben wir es nicht nötig unseren Gesprächspartner von unserer Meinung zu überzeugen. Auch sitzen wir nicht zu Füßen unseres Freundes und lauschen ihm wie einem weißbärtigen Guru. Freundschaft ist nur zwischen Gleichgestellten möglich und diese Gleichgestellten machen sich im Dialog gemeinsam auf den Weg ins Unbekannte. Wie eine Spirale schraubt sich das Gespräch immer weiter in die Höhe (oder Tiefe, ganz wie Sie wollen) und lässt aus der Synthese zweier oder mehrerer Gedanken etwas Neues entstehen.

Die Bilder, die in Ihrem Inneren dabei entstehen – Bilder davon, wie die Welt aufgebaut sein *könnte* – machen Ihr Herz weit. Ihre Fantasie wird angeregt, ihr Geist öffnet sich neuen Möglichkeiten.

Sie wissen immer noch nicht, wohin Sie die Reise dieses Lebens führen wird. Doch Sie wissen, dass Sie gemeinsam mit einem Freund unterwegs sind, dass Sie den Mut besitzen, nicht alle Antworten haben zu müssen und

---

20 Sinn liegt nicht faul in irgendeiner Ecke herum, bis wir aus Versehen über ihn stolpern und ihn damit finden. Sinn ist auch nicht von Gott in einer kleinen Schatztruhe versteckt worden. Wir müssen in unserem Leben selbst für Sinn sorgen, durch unsere Entscheidungen, die von Eigeninteressen und dem Interesse am Allgemeinwohl bedingt werden, selbst individuellen Sinn für unser Leben stiften.

dass dieser Mut Sie frei macht. Wenn wir so frei sind, fällt die existenzielle Angst von uns ab. Wir sind frei zu leben, aber ebenso frei zu sterben. Wir sind frei, als Welle in den Ozean zurückzukehren, aber ebenso frei gänzlich zu erlöschen. Wir sind frei, ohne vorgefertigte Antworten und vorverdauten Sinn zu leben, und wir sind ebenso frei, unseren eigenen Sinn zu erschaffen.

Nicht-Wissen befreit uns von der Notwendigkeit, unsere religiösen Überzeugungen (die wir fälschlicherweise für reale Antworten halten) verteidigen zu müssen. Es befreit uns von Angriffen auf andere und reduziert unsere eigene Angriffsfläche auf ein Minimum.

Nicht-Wissen befreit uns vom Lärm der eigenen Gedanken, die um diese oder jene Antworten kreisen. Stattdessen führt es uns in eine offene Stille, in der der Kosmos durch unsere Fragen und unser Leben mit diesen Fragen weiteren Raum hat, sich selbst zu erforschen. Eine offene Stille, in der eine Erfahrung einfach eine Erfahrung sein kann. Nichts in uns hindert mehr die Wahrnehmung.

Der alte Mann auf der Wolke

Wenn man zu Gott spricht, ist man religiös.
Wenn Gott zu einem spricht, ist man irre.
Dr. House in *Dr. House*

Bedeutet die Abwesenheit eines personalen Gottes, dass wir allein sind, dass unser Leben sinnlos ist und dass niemand an uns Interesse hat?

Es wundert mich immer wieder, dass Menschen meinen, nur weil es keinen persönlichen Gott gebe, habe unsere Existenz keinen Sinn. Bestimmt die Existenz eines Jenseits den Sinn oder Unsinn des Diesseits?

Dafür scheint es mir keinen plausiblen Grund zu geben, aber offenbar brauchen manche Menschen ein Ziel, auf das sie sich zubewegen – in diesem Fall Gott als das Endziel des menschlichen Daseins. Doch es ist nicht das Ziel, was die Wanderschaft durch dieses Leben mit Sinn erfüllt, sondern die Wanderschaft selbst, die Sinn IST.

Das Universum entfaltet sich in jeder Sekunde in seiner eigenen immanenten Heiligkeit und jedes lebendige Wesen, ob Tier, Mensch oder ganzer Planet, ist Teil dieser Entfaltung. Ebenso ist jede unserer Handlungen Teil dieser Entfaltung. Alles ist auf Wanderschaft, alles wächst.

Hier-Sein verbindet uns, unser Sinn liegt im Vollzug des Lebens selbst und unsere Einzigartigkeit ist wichtig, weil die Wirklichkeit von uns verändert wird. Der Gedanke, den ich jetzt denke, das Gefühl, welches jetzt in mir lebendig wird, verändert das Universum. Vor zehn Sekunden war das Universum noch ohne diesen Gedanken oder dieses Gefühl, ohne meinen Beitrag zur Emotionalität der Wirklichkeit.

Durch mich erfährt das Universum etwas Neues, Einzigartiges. Es erfährt mich – und sich durch mich. Eine weitere Facette, die dem großen Ganzen eine Nuance hinzufügt. Was vielleicht wie Hybris klingen mag, ist eine einfache Tatsache. Vor Ihrer Geburt war das Universum ohne Sie, jetzt ist es durch Ihr Dasein erweitert. Es ist, als hätte sich das Universum durch Ihr Nervensystem vergrößert – wie Pilzmyzelien reichen die Fühler des Kosmos nun durch Ihre Wahrnehmung ein Stück weiter in das Unbekannte hinaus.

Das Universum hat keine Stimme – unsere Worte müssen seine Wirklichkeit ausdrücken. Das Universum hat keine Hände – unsere Taten müssen die Liebe sein, die allem zugrunde liegt. Das Universum hat keine Augen – unser Blick muss sein Mitgefühl tragen. Das Universum hat keine Füße – unsere Schritte müssen seine Wege gehen. Das Universum hat kein Herz – unser Leben muss alles, was ist, umschließen.

Der Kosmos ist immer und überall. Der Kosmos ist in uns und um uns herum. Es ist die Heiligkeit allen Seins.

Der alte Mann auf der Wolke ist nur eine Idee, eine Sehnsucht, eine Wunschvorstellung. Er ist der Vater, den so viele Kinder vermissen, auch dann noch, wenn sie schon längst zu Erwachsenen geworden sind. Diese psychische Bedürftigkeit treibt uns in Fantasien, die so weit gehen, dass wir glauben, diesen herbeifantasierten Übervater zu lieben. Doch Liebe ist reziprok, beruht immer auf Gegenseitigkeit.

Sie können *glauben*, dass Sie das Mädchen an Kasse 4 lieben, auch wenn Sie noch nie ein Wort mit ihr gewechselt haben und sie Sie keines Blickes würdigt. Doch in Wirklichkeit sind Sie noch nicht einmal *ver*liebt, es ist nur eine Schwärmerei, die einzig und allein in ihrem Kopf und Ihrem umtriebigen Hormonsystem stattfindet. Liebe indes, benötigt wahre emotionale Nähe beider Partner, nicht nur herbeigesehnte Nähe eines Teils dieser Gleichung. Einseitige Liebe ist ein Gedankenkonstrukt, wobei in dem Fall des Mädchens von Kasse 4 immerhin ein sichtbares und lebendiges Wesen eine Rolle spielt. Im Fall des personalen Gottes muss die Fantasie ungleich größer sein.

Und so bilden wir uns ein, dass wir Gott nicht erkennen können, weil er uns mit seiner Ferne prüfen will. Wenn Sie diesen Gedankengang auf andere Zusammenhänge Ihres täglichen Lebens anwenden, und meinen, dass das Desinteresse des Mädchens von Kasse 4 ein eindeutiger Beweis für ihre tiefe Liebe zu Ihnen ist, dann werden Sie über kurz oder lang zu Recht mit dem Gesetz in Konflikt geraten.

Wenn wir uns die Welt aus einem überlieferten Glauben heraus zu erklären versuchen – einem Glauben, den wir nicht aufgrund eigener Erfahrungen in uns selbst entwickelt haben, sondern der uns im negativsten Sinn in die Wiege gelegt wurde - werden wir unweigerlich Teile unseres eigenen Intellekts ausblenden müssen. Um manche Inhalte dieser Glaubensvorstellungen vor uns selbst rechtfertigen zu können, müssen wir eine immer absurdere Geschichte um unser Sein herum erfinden oder gleich ganz abschalten und einfach nur noch behaupten, dass die Schrift an die wir uns halten, das Wort Gottes ist. Alle Widersprüche innerhalb dieser Schrift, die von unterschiedlichen Autoren zu unterschiedlichen Zeiten mit unterschiedlichen Intentionen herrühren, können wir dann einfach als göttliche Weisheit interpretieren, die unsere Weisheit nun einmal übersteigt. Die Angst und Unsicherheit aufgrund der Komplexität unserer Welt werden so im Aufgeben unserer Ratio gemildert. Die Welt wird einfach, auch wenn die Geschichte, die wir über uns und die Welt erzählen müssen, immer weniger nachvollziehbar wird.

Je genauer wir den Inhalt unseres Glaubens definieren, desto mehr Gedankenakrobatik müssen wir betreiben, um unsere eigenen Widersprüche zu überspielen. Dieses Überspielen und Ausblenden betreiben wir sowohl anderen als auch uns selbst gegenüber. Je mehr Menschen vorgeben von „ihrem Gott“ zu wissen und „seinen Willen“ zu kennen, desto mehr schränken sie ihren Geist ein. Die eigene Fantasie wird dann oftmals als Wort Gottes dargestellt, weil es mich weiterer Erklärungen zu entheben scheint. Können die Zeugen Jehovas erklären, warum ausgerechnet 144.000 von ihnen nach der Apokalypse mit Jesus im Himmel herrschen werden? Können sie erklären, warum ausgerechnet ihre Gruppierung, die wieder und wieder ein falsches Datum der göttlich herbeigeführten Apokalypse „errechnet“, der einzige „Kanal Gottes“ sei?

Woher meinen die Mormonen zu wissen, dass Gott einst ein sterblicher und polygamer Mensch auf einem anderen Planeten war, der sich zum Gott entwickelte und Joseph Smith zu seinem Propheten ernannte?

Woher meint die römisch-katholische Kirche zu wissen, dazu berufen zu sein, Kinder zu taufen, um sie von der angeblichen Erbsünde reinzuwaschen? Warum meint der Islam, dass ein allmächtiges Wesen sich eines analphabetischen Kaufmanns bedienen würde, um seinen Willen aufzuschreiben?

Es ist immer praktisch, wenn man seine eigenen Fantasien anhand eines angeblich göttlichen Buches „beweisen" kann, welches man selbst geschrieben hat. Doch würden Sie mir glauben, dass mich nachts der Erzengel Gabriel gemeinsam mit dem wiederauferstandenen Mahatma Gandhi und E.T. besuchte und mir dieses Buch diktierte? Und dass Sie aus diesem Grund an nichts zweifeln dürften, was ich hier von mir gebe?

Seien wir ehrlich: Wenn ein Buch von sich selbst behauptet „Dies ist die Schrift, an der nicht zu zweifeln ist" (Koran, Sure 2), dann weiß man, dass danach nur noch Unsinn kommen kann.

Das Staunen ist bekanntlich der Anfang aller Weisheit. Der Zweifel ist ihr Prüfstein. Ein Mensch, der nicht zweifelt, der nur noch hinnimmt und das sprichwörtliche „Ja und Amen" leistet, legt gewisse Bereiche seines Gehirns lahm und beraubt sich selbst der Möglichkeit tieferen Erkennens.

Es ist wichtig zu fragen und vorschnellen Antworten zu misstrauen. Es ist wichtig, Fragen zu stellen und in die Stille der Nicht-Beantwortung einzutauchen. Fragen öffnen, Antworten schränken oftmals ein. Ein meditatives Fragen bezieht sich sowohl auf die Welt als auch auf meine emotionale Beziehung zu ihr. Eine Antwort vertritt zu oft einfach nur eine Meinung. Und wenn diese Meinung noch nicht einmal die eigene Meinung ist, sind psychische Konflikte vorprogrammiert, die unsere Energie unnötig verschwenden und uns von der Wirklichkeit fern halten.

Die Frage, die mich öffnet, schafft Raum für die Wirklichkeit, die in diese Lücke zwischen all meinen vermeintlichen Antworten eindringen kann. Die Geschichte, die ich dann über mich und über den Kosmos erzähle wird von einem leisen Lächeln begleitet. Ein Lächeln, was aus dem Mut zum Nicht-Wissen stammt und welches den Verführungskünsten von Intoleranz und Dogmatismus mit Leichtigkeit widersteht.

Das Heilige dieses Kosmos ist offen und frei sich zu entwickeln. Das Göttliche, verstanden als allem innewohnende und alles durchdringende Kraft und nicht als eine als Allvater wirkende Entität, ist weit und bietet Platz für unsere eigene Entfaltung, unsere Fragen und unser Leben mit diesen Fragen.

Der alte Mann auf der Wolke und seine Religionen sind eng und stehen jeder freien Entwicklung aufgrund ihrer eigenen Angst vor Kontroll- und Machtverlust skeptisch gegenüber. Dieses System bietet die immer gleichen

Antworten, welche nicht zu hinterfragen sind. Stille wird mit Dogma gefüllt, der offene Geist auf die das Dogma erhaltende Gebote geeicht und begrenzt. Die Weite des Raums wird zu einer wiederholbaren Meinung geschrumpft.

Alan Watts, ein wahrer Freidenker, fasst es so zusammen: „An Gott zu glauben und nach dem Gott, an den du glaubst, auszuschauen heißt, lediglich Bestätigung einer Meinung zu suchen."

Doch so grenzenlos wie der Kosmos kann auch der menschliche Geist sein. Die Stille, die uns in meditativen Momenten erfüllen kann, muss nicht mit dem Lärm vorgefertigter Antworten erstickt werden.

Wir selbst haben die Wahl und müssen genau und ehrlich untersuchen, ob wir den Mut haben, ohne Antworten leben zu können. Die Frage ist: Möchten wir die Marionetten einer fremden oder die Helden unserer eigenen Geschichte sein?

Je mehr wir von Gott zu wissen meinen, desto mehr denkt unser Ego, es habe Gott „im Griff". Der geheiligte Kosmos, der jenseits unseres Glaubens in allem, was ist existiert, ist eine Herausforderung für das Ego. Das Unerkennbare, Unnennbare entzieht sich unserem Zugriff und unser Verstand zerbricht daran. Was übrig bleibt, ist offene Weite. Ein unbegrenzter Raum der Potentiale, in den hinein wir uns entfalten können.

Unsere eigene Geschichte entfaltet sich jeden Tag aufs Neue, ebenso wie der Kosmos dies tut. Aus diesem Grund können wir weder das eine noch das andere je völlig adäquat beschreiben.

Jede unserer Beschreibungen bezieht sich auf in der Vergangenheit Erfahrenes. In unserer Sprache wird selten etwas Neues gesagt. Einzige Ausnahme ist die Poesie, die Räume zwischen den Worten öffnet, in die das Heilige Einzug halten kann. Die Poesie hat mehr fragenden als antwortenden Charakter. Sie kann den Geist, der oftmals in uns Menschen schläft, aufwecken und ihn mit dem Duft von Kiefern, Harz und Meeresluft in die Welt hinauslocken. Solange wir schlafen, träumt unser Geist von der Vergangenheit oder der Zukunft. Richtig wach können wir nur in der Gegenwart sein. Die Gegenwart, die unsere Sinne und unseren Geist wirklich zu berühren vermag, die uns Rätsel und Heimat zugleich ist, die unsere Geschichte jenseits von Worten fortschreibt.

Diese Offenheit zwischen unseren mentalen Beschreibungen, dieser Raum zwischen den Worten, zwischen Vergangenem und noch nicht Geschehenem ist Wohnsitz unseres Glücks.

Wer wirklich glücklich ist, der denkt nicht „Oh, bin ich glücklich!", denn dieser Satz ist nur der klägliche Versuch, bereits vergangenes Glück zu vergegenwärtigen, sich an etwas zu erinnern, was bereits verloren ist.

Das Glück ist der Moment, in dem wir gänzlich in dem aufgehen, was uns umgibt und durchdringt. Wenn der Gedanke „Ich bin dies oder jenes" nicht auftaucht, sind wir ganz einfach DAS.

DAS als Summe all dessen, was ist, die ungeteilte Erfahrung, die keiner sich selbst beschreibenden Abstraktion bedarf.

Auch Wissen bezieht sich immer auf die Vergangenheit. Wissen ist das, was wir schon kennen. Das Wissen, die Kenntnis von etwas, filtert unsere Wahrnehmung – wir SEHEN nicht etwas Neues, sondern ordnen lediglich das Gesehene unseren Erfahrungswerten der Vergangenheit zu. Wir öffnen eine Schublade und legen das Wahrgenommene dort ab. So berührt uns das wahrgenommene Leben nicht, sondern kommt über unseren inneren Aktenschrank aus Wissen und Urteilen nicht hinaus. Im Grunde ist das die Weigerung sich einzulassen, die Negierung der Hingabe.

Es ist die Angst, die uns abhält, dem Leben ohne Vorbehalte zu begegnen. Angst lässt uns Wahrgenommenes in bestehende Kategorien einsortieren, um alles überschaubar und vorhersehbar zu machen. Die Erklärungssysteme dogmatischer Buchstabenreligionen sind Ausdruck unserer Angst vor dem Leben. Der Begriff „Gott" ist ein Flehen um Hilfe vor den eingebildeten Bedrohungen des Nicht-Wissens.

Wir wollen Ordnung ins Chaos bringen und erkennen nicht, dass wir damit den dynamischen Prozesscharakter der Wirklichkeit zu einem statischen und toten Konzept degradieren.

Doch Konzepte entsprechen immer nur Positionen, niemals aber lebendigen Situationen. Sie können weder dem sich entfaltenden Kosmos noch unserer sich entfaltenden Seele gerecht werden.

Man könnte diesem Buch vorwerfen, es ersetze den Begriff „Gott" durch den Begriff „Kosmos". Das wäre jedoch nur eine pantheistische Lösung, der ich vorbauen möchte. Der Begriff „Gott" ist in unserer Kultur und Geschichte mit der Vorstellung eines bewussten Schöpfers besetzt, der sich persönlich für uns interessiert, Gut und Böse unterscheidet, entsprechende Regeln erlässt und dem gegenüber wir uns nach unserem Tod für unsere Taten (und Gedanken!) verantworten müssen. Wer von Gott spricht, redet auch gern über „Gottes Wille“, was impliziert, dass a) es sich bei Gott um eine Wesenheit mit Intellekt, einem Ego, gewissen Ansichten, Vorlieben und Abneigungen handelt und b) wir von diesem Willen auf irgendeine Art erfahren haben und diesen entweder nach unserem Gutdünken deuten und umdeuten könnten oder ihm aber strikt und ohne Fragen zu stellen, Folge zu leisten hätten.

Wenn ich vom Kosmos spreche, meine ich etwas gänzlich anderes: Einen unpersönlichen Prozess, der durch eine nicht näher zu bestimmende Ursache seinen Anfang genommen hat und sich durch die bei diesem Anfang freigesetzte Energie immer weiter ausdehnt. Ein Prozess, der keinen Willen hat, keine bewussten Vorlieben oder Abneigungen, dem Gut und Böse unbekannt sind und der stattdessen einfach Raum für alle erdenklichen Entwicklungsmöglichkeiten bietet. Gott hat einen Plan für uns, der Kosmos lässt uns frei. Für Gott sind wir allzeit Kinder, die ihm Rechenschaft schulden, der Kosmos lässt uns erwachsen werden, wir brauchen uns nicht vor ihm, sondern nur vor uns selbst zu verantworten, was uns eine ungleich größere Würde zukommen lässt. Gott beinhaltet eine Hierarchie, in der Erkenntnis durch einen Gnadenakt herabgereicht wird. Der Kosmos hingegen ist erfüllt von einer absichtslosen Gleichwertigkeit, in der jedes Wesen seine eigene Weisheit entwickelt.

Im Gegensatz zu Gott, der übernatürlich ist und somit über den Naturgesetzen steht, ist der Kosmos eine rein natürliche Erscheinung und entwickelt sich innerhalb der Bedingungen, die die Naturgesetze (die ihn gleichsam erhalten) ihm vorgeben.

Lesen wir die Schriften der theistischen Religionen, wird der anthropomorphe Charakter Gottes mit all seiner Eifersucht und Missgunst recht schnell deutlich. Gott braucht Menschen, die ihn verehren und anbeten. Für diese Menschen vollbringt Gott dann auch mal das eine oder andere Wunder. Dem Kosmos ist so etwas völlig gleichgültig – er ist in sich ein Wunder und muss niemandem etwas beweisen. Er hat auch, da er über kein Ego verfügt, nicht das Bedürfnis verehrt zu werden. Gebete gehen spurlos an ihm vorbei.

Gott steht außerhalb des Lebens, er ist der unveränderliche und selbst ungeschaffene Schöpfer. Der Kosmos *ist* das Leben, geboren aus dem Unbekannten, sich durch Evolution entwickelnd, wachsend und sich erweiternd.

Es gibt also fundamentale Unterschiede und meine Absicht ist keineswegs den einen durch den anderen Begriff zu ersetzen und dennoch weiterhin in derselben Denk- bzw. Glaubensstruktur zu bleiben. Vielmehr geht es darum, die bloße Vorstellung (Gott) beiseite zu lassen und das konkrete Dasein (Kosmos) in den Blick zu nehmen, um sich frei und erwachsen entwickeln zu können.

Heilige Schriften

Religion ist eine Beleidigung für die Menschenwürde.
Mit ihr oder ohne sie gibt es gute Menschen, die gute Dinge tun,
und böse Menschen, die böse Dinge tun.
Aber damit gute Menschen böse Dinge tun,
braucht es die Religion.
Steven Weinberg

Eine religiöse Weltsicht ist meist auf dem Studium sogenannter heiliger Schriften gegründet, deren Wahrheitsgehalt sich nur aus sich selbst und der angeblich göttlichen Herkunft rechtfertigt und nicht hinterfragt werden darf. Die Bibel, der Koran, das Buch Mormon – sie alle sollen göttlichen Ursprungs sein, was relativ praktisch für die weltlichen Verwalter dieser Texte ist, geraten sie doch aufgrund dieses geglaubten Umstands niemals in Erklärungsnot. Unliebsame Fragen können stets mit einem „So steht es geschrieben" oder einem „Das ist das Wort Gottes" beantwortet werden. Werden diese Menschen auf die Widersprüchlichkeit und fehlende Stringenz ihrer heiligen Texte hingewiesen, bleibt ihnen immer noch der Rückzug auf ein „Gottes Wege sind unergründlich".

Gleichzeitig herrscht in unserer Kultur die Meinung, dass alle alten religiösen Texte ehrwürdig seien und Respekt verdienten.

Wir haben gelernt, Respekt vor der Tradition zu haben. Aus diesem Grund – und aufgrund gesellschaftlicher Konventionen, die sich die Vertreter jeder Religion seit Jahrhunderten zunutze machen – halten wir an Dingen fest, die wir in einem Kontext jenseits des Religiösen nie und nimmer dulden würden. Kein Pädagoge, der etwas auf sich hält, liest Kindern heute noch den Struwwelpeter vor – die rigoros strafende Gewalt, die hier geschildert wird, lehnen die meisten modernen Menschen ab. Niemand käme aber auch auf die Idee, den Struwwelpeter als heilige Schrift zu bezeichnen, nur weil er schon ein paar Jahre mehr auf dem Buckel hat als beispielsweise der Grüffelo.

Im religiösen Bereich ist die Bezeichnung „Heilig“ jedoch immer eine Entrückung in einen Bereich, der gänzlich immun gegen jede Art von Textkritik ist.

Die Bibel als „gute Nachricht“ oder den Koran als das „Wort Gottes“ zu bezeichnen, kann man nur, wenn man eine rosarote Brille religiöser Indoktrination trägt, die gewisse Stellen dieser Texte einfach ausfiltert, wenn man festhält an etwas, das in unserer modernen Welt keinen Platz mehr hat.

Schauen wir uns ein paar Stellen dieser angeblich „heiligen Bücher“ an, werden wir feststellen, dass der Autor des Struwwelpeters im Vergleich zum angeblich weisesten Wesen des Universums ein Norwegerpulli-strickender Pazifist ist.

> Ich sah den Herrn über dem Altar stehen und er sprach: Schlage an den Knauf, dass die Pfosten beben und die Trümmer ihnen allen auf den Kopf fallen; und was noch übrig bleibt von ihnen, will ich mit dem Schwert töten, dass keiner von ihnen entfliehen noch irgendeiner entkommen soll!
>
> Und wenn sie sich auch unten bei den Toten vergrüben, soll sie doch meine Hand von dort holen, und wenn sie zum Himmel hinaufstiegen, will ich sie doch herunterstoßen.
>
> Und wenn sie sich auch versteckten oben auf dem Berge Karmel, will ich sie doch suchen und von dort herabholen; und wenn sie sich vor meinen Augen verbärgen im Grunde des Meeres, so will ich doch der Schlange befehlen, sie dort zu beißen. Und wenn sie vor ihren Feinden gefangen einhergingen, so will ich doch dem Schwert befehlen, sie dort zu töten. Denn ich will meine Augen auf sie richten zum Bösen und nicht zum Guten.
>
> *Die Bibel*, Amos 9,1

> Nehmet aber keinen von ihnen (den Ungläubigen) zum Freund, ehe sie nicht auswanderten in Allahs Weg. Und so sie den Rücken kehren, so ergreifet sie und schlagt sie tot, wo immer ihr sie findet; und nehmet keinen von ihnen zum Freund oder Helfer.
>
> *Der Koran*, Sure 4, Vers 89

Und wenn sie (die andersgläubigen Feinde) der HERR, dein Gott, dir in die Hand gibt, so sollst du alles, was männlich darin ist, mit der Schärfe des Schwerts erschlagen.

Nur die Frauen, die Kinder und das Vieh und alles, was in der Stadt ist, und alle Beute sollst du unter dir austeilen und sollst essen von der Beute deiner Feinde, die dir der HERR, dein Gott, gegeben hat.

So sollst du mit allen Städten tun, die sehr fern von dir liegen und nicht zu den Städten dieser Völker hier gehören. Aber in den Städten dieser Völker hier, die dir der HERR, dein Gott, zum Erbe geben wird, sollst du nichts leben lassen, was Odem hat.

Die Bibel, 5 Mose 20,10 – 16

Wahrlich in die Herzen der Ungläubigen werfe ich Schrecken. So haut ein auf ihre Hälse und haut ihnen jeden Finger ab.

Der Koran, Sure 8, Vers 12

Und der HERR redete mit Mose und sprach: Übe Rache für die Israeliten an den Midianitern, und danach sollst du versammelt werden zu deinen Vätern.

Und sie zogen aus zum Kampf gegen die Midianiter, wie der HERR es Mose geboten hatte, und töteten alles, was männlich war. (…)

Und die Israeliten nahmen gefangen die Frauen der Midianiter und ihre Kinder; all ihr Vieh, alle ihre Habe und alle ihre Güter raubten sie und verbrannten mit Feuer alle ihre Städte, wo sie wohnten, und alle ihre Zeltdörfer.

Und sie nahmen allen Raub und alles, was zu nehmen war, Menschen und Vieh, und brachten's zu Mose (…)

Und Mose wurde zornig über die Hauptleute des Heeres, die Hauptleute über tausend und über hundert, die aus dem Feldzug kamen, und sprach zu ihnen: Warum habt ihr alle Frauen leben lassen? (…)

So tötet nun alles, was männlich ist unter den Kindern, und alle Frauen, die nicht mehr Jungfrauen sind; aber alle Mädchen, die unberührt sind, die lasst für euch leben.

Die Bibel, 4 Mose 31, 1 – 17

Sind aber die heiligen Monate verflossen, so erschlaget die Götzendiener, wo ihr sie findet, und packet sie und belagert sie und lauert ihnen in jedem Hinterhalt auf.

Der Koran, Sure 9, Vers 5

Der Menschensohn wird seine Engel aussenden und sie werden aus seinem Reich alle zusammenholen, die andere verführt und Gottes Gesetz übertreten haben, und werden sie in den Ofen werfen, in dem das Feuer brennt. Dort werden sie heulen und mit den Zähnen knirschen. Dann werden die Gerechten im Reich ihres Vaters wie die Sonne leuchten.

Die Bibel, Matthäus 13, 41 – 43

Denkt nicht, ich sei gekommen, um Frieden auf die Erde zu bringen. Ich bin nicht gekommen, um Frieden zu bringen, sondern das Schwert. Denn ich bin gekommen, um den Sohn mit seinem Vater zu entzweien und die Tochter mit ihrer Mutter und die Schwiegertochter mit ihrer Schwiegermutter; und die Hausgenossen eines Menschen werden seine Feinde sein.

Wer Vater und Mutter mehr liebt als mich, ist meiner nicht würdig, und wer Sohn oder Tochter mehr liebt als mich, ist meiner nicht würdig.

Die Bibel, Matthäus 10, 34 – 37

Man könnte diese unterhaltsame Lektüre noch viele Seiten weiterführen (und dem geneigten Leser empfehle ich vor allem die Lektüre der Offenbarung des Johannes), aber ich denke, die angeführten Beispiele verdeutlichen genug, wessen Geistes Kind diese Schriften sind. Würde ihnen nicht von manchen Menschen eine solche Bedeutung zugesprochen, wären diese Textstellen auch nur historische Beispiele der Literatur einer bestimmten Ära und Geisteshaltung, die wir schon längst hinter uns gelassen haben. Doch da diese Schriften als „heilig" gelten, von einer Generation zur anderen überliefert werden und eine entsprechende Weltsicht befördern, bleiben diese Worte nicht ohne Wirkung. Das Problem ist, dass eine „heilige Schrift" oder das „Wort Gottes" für den Gläubigen WAHR sind, ja wahr sein müssen. Und wenn meine Schrift wahr ist, dann kann es deine Schrift, die etwas meiner Schrift Gegensätzliches postuliert, nicht sein. Kurz gesagt: Ich liege richtig, du liegst falsch. Und deine Falschheit ist eine Bedrohung meiner Richtigkeit.

Die Angst vor anderen, vor dem Fremden ist sowohl in der Bibel als auch im Koran allgegenwärtig. Immer sind es die Andersgläubigen, die die Dinge verderben und denen Einhalt geboten werden muss. Die Unterscheidung zwischen Gläubigen und Ungläubigen und somit zwischen Würdigen und Unwürdigen ist Teil einer religiös geprägten Weltsicht. In der Religion geht es – einfach aus dem Grund, weil eben nicht alle Menschen dasselbe glauben – immer um uns und die anderen. Dabei variiert nur, was wir unter den „anderen" verstehen. Doch immer ist es ihre Sünde, die in unser Heiligtum eindringt. Immer sind es die anderen, die bekämpft werden müssen, deren Sünde getilgt werden muss.

Könnten Gott oder Allah nicht auch sagen „Es gibt Menschen, die nicht an mich glauben. Wertschätzt ihre Meinung, setzt euch mit ihnen im Dialog auseinander und lernt von ihrer Sichtweise, lasst euch von ihnen bereichern"?

Oder wenigstens „Manche Menschen glauben nicht an mich. Lasst euch von ihnen nicht beeinflussen. Geht euren Weg und kümmert euch nicht um sie"?

Aber Gott ist sowohl im Christentum als auch im Islam ein eifersüchtiger, zu Gewaltausbrüchen neigender, alter Knacker, der das Andere nicht dulden kann und der deshalb allen Anders- oder Nichtgläubigen pausenlos mit Folter, Tod und ewiger Verdammnis drohen muss.

Weil aber im Gegensatz zu den Wissenschaften die Religion ihre grundlegenden (Lehr-)Bücher nicht aktualisiert, wenn neue Erkenntnisse auftauchen, die die alten in Frage stellen, hantieren Milliarden Gläubige heute immer noch mit Büchern, deren ethische Vorstellungen in der säkularen Welt seit langer Zeit fragwürdig scheinen.

In den Wissenschaften gibt es Paradigmenwechsel. Zwar dauert es auch manchmal sehr lange, bis diese vollzogen sind, doch immerhin gibt es sie und mit ihnen Wandlung und Fortschritt.

Die religiöse Kosmologie bleibt aber aufgrund der angeblichen Heiligkeit und somit geforderten Unantastbarkeit ihrer Texte stets auf der gleichen Stufe. Wenn ich oben genannte Gewaltstellen nicht aus meinem „heiligen Bereich" ausschließe, kann ich auch nicht erwarten, dass unsinnige Aussagen über Ursprung, Natur und Entwicklung des Universums, die die Religionen tätigen, hinterfragt werden.

Nun wird manch einer einwenden, dass die genannten Texte auch andere Stellen haben, die Schönheit, Weisheit und Liebe zum Ausdruck bringen. Das mag stimmen, aber dennoch sind diese Bücher übervoll mit gewalttätigen, fremdenfeindlichen, homophoben, frauenverachtenden, die Sexualität ablehnenden und Menschenrechte mit Füßen tretenden Aussagen. Wie kann ein Gläubiger behaupten, diese Texte seien das Wort Gottes oder heilig? Was hat diese Annahme für Implikationen in unserer heutigen Welt? Schauen Sie sich das Rechtssystem einiger arabischer Staaten an und Sie kommen selbst auf die Antwort. Schauen Sie sich an, wie manche religiösen Menschen sich weigern, ihren Kindern Bildung oder medizinische Versorgung zukommen zu lassen, weil ihr Gott es angeblich so wolle. Schauen Sie sich an, wie fanatisch verblendete Menschen sich selbst in die Luft sprengen, um möglichst viele Andersgläubige zu töten und sich selbst einen Platz im Paradies zu sichern. Schauen Sie sich an wie religiöse Menschen sich weigern, Erkenntnisse der Wissenschaft anzunehmen, weil durch diese Erkenntnisse ihr Weltbild bedroht wird.

Von unseren Kosmologien hängt alles ab – und wenn meine Kosmologie auf uralten Büchern beruht, in denen verschiedene Autoren ihren Minderwertigkeitskomplexen und ihrem Fremdenhass freien Lauf lassen, muss ich mich nicht wundern, wenn diese Kosmologie mich zu ebensolchem Verhalten führt.

Die einzige „heilige Schrift" auf die wir Bezug nehmen sollten, ist das, was die Sprache der Natur, die Sprache des Universums uns durch unsere eigene genaue Beobachtung und Forschung vermittelt. Unsere heilige Schrift besteht aus der Spur, die wir auf unserer Wanderschaft durch unser Leben hinterlassen, aus den Entscheidungen, die wir treffen, aus den Fragen, die wir uns stellen, aus der Liebe, die wir empfinden und ausdrücken, aus der Kreativität, die wir in die Welt einbringen und aus der Weisheit, die wir aus unseren Erfahrungen und Begegnungen gewinnen. Sie besteht aus den Erkenntnissen, die wir über die fortschreitende Ausdehnung des Universums machen, über die Wunder, die in diesem Universum zuhause sind, über das Leben auf unserem Heimatplaneten, über die Evolution, die von Einzellern zu komplexen Wesen mit Nervensystemen und Bewusstsein geführt hat. Sie wächst und verändert sich mit unserem eigenen Wachstum und unserem eigenen Fortschritt. Sie besteht aus Großem und Kleinem, was gleichwertig nebeneinander besteht. Sie besteht aus der Spur, die unsere Erde auf ihrer Bahn um die Sonne macht, die ein Komet in unserem Sonnensystem hinterlässt, aus der Spur der Schnecke auf einem Blatt, aus der unsichtbaren Spur, die eine Formation von Zugvögeln am Himmel hinterlässt. Sie besteht aus der Spur von Menschen, die sich das Denken weder durch ihre eigene existenzielle Angst noch durch die Angst der Dogmatiker verbieten lassen. Sie besteht aus der Spur der inneren Stille, die in Mystikern und Mystikerinnen aus jedem Jahrhundert lebendig war und ist. Sie besteht aus dem offenen Raum, der in jedem von uns der Entdeckung harrt und der in Freiheit genossen werden kann.

Eine Kosmologie, die sich aus dieser „Schrift" speist, sieht eine Sache nicht als heiliger als eine andere an. Sie hat auch keine Angst vor dem Anderen, weil sie das Andere immer als weiteren Ausdruck der unendlichen Vielfalt des Universums erkennt. Diese Kosmologie kennt keine Unterteilung in Gläubige und Ungläubige, in Würdige und Unwürdige. Diese Kosmologie kümmert sich auch nicht um die Herkunft eines Menschen, sein Geschlecht, den Ruf seiner Familie oder die Größe seines Bankkontos. Ebenso wenig ist sie daran interessiert, ob der- oder diejenige homo- oder heterosexuelle Vorlieben hat. Sie sieht jeden einzelnen Menschen als Ausdruck der Vielfalt an, als Ausprägung des Universums in eben dieser Form und Gestalt.

Diese Kosmologie empfängt keine Befehle, einem von Menschen zu ihren eigenen Zwecken erfundenen Superwesen zu Willen zu sein, und erteilt auch keine Aufträge andere Menschen zu unterjochen oder zu töten. Diese Kosmologie hat auch keinen angeblich göttlich legitimierten Auftrag, sich zum Herrscher über alle anderen Kreaturen aufzuschwingen und ihnen den eigenen Willen aufzuzwingen. Diese Kosmologie muss auch nicht in den Krieg ziehen, um unsinnige Glaubenssätze zu verteidigen. Sie kann unterscheiden zwischen Glauben und Wissen und ist sich der Vorläufigkeit der eigenen Erkenntnis stets bewusst. Sie kann neue Sichtweisen integrieren und auch jahrelang gehegte Vorstellungen über die Natur der Dinge revidieren, sollten sich diese als unhaltbar herausstellen.

Diese Kosmologie muss Ungerechtigkeiten in sozialer, ökologischer und ökonomischer Hinsicht nicht durch die Zuhilfenahme uralter Schriften rechtfertigen, sondern kann die Verhältnisse langsam aber sicher ändern.

Diese Kosmologie ist verliebt in das Leben in all seinen Formen und Ausprägungen. Sie achtet und ehrt dieses Leben in allem, was ihr begegnet.

Sie schützt und nährt das Leben auf mütterliche Weise und fordert und fördert es auf väterliche Weise.

Sie ist sich der gegenseitigen Bedingtheit allen Seins bewusst, der grundsätzlichen Verbundenheit und der facettengleichen Qualität des Einzelnen.

Sie ist Heimat für alles, was ist. Eine Heimat, die sich im Alltag offenbart und sich in meditativer Versenkung immer weiter erschließt.

Meditation – der Spiegel der Stille

Die Ganzheit des Lebens liegt in dem Verb sehen.
Pierre Teilhard de Chardin

Das meditative Leben ist im besten Sinne eine einzige Enttäuschung. Illusionen über mich, über meine Welt und über meine Beziehung zu ihr enden, wenn ich es wage in den Spiegel der Stille zu schauen. Ich werde enttäuscht, die Täuschung endet.

Wir wissen nicht, ob nach unserem Tod ein Paradies auf uns wartet, eine erneute Inkarnation oder ob einfach „die Lichter ausgehen" – doch dieses Unwissen befreit uns für den gegenwärtigen Moment. Unwissen, von uns selbst akzeptiert und wertgeschätzt, erzeugt eine Leerstelle in unserem Denken, eine Pause vom Kontrollieren-Wollen, in der die Wirklichkeit Platz hat, zu sein wie sie ist.

Solange wir noch „Hier" und „Jetzt" sagen können, sind wir nicht dort. „Hier" setzt ein Anderswo voraus, „Jetzt" befindet sich zwischen der Vergangenheit und der Zukunft.

Was bleibt übrig, wenn alle Masken, alle falschen Identitäten, alle unsere Geschichten wegfallen? Bleibt nichts? Oder entsteht plötzlich alles?

Meditieren heißt neu sehen lernen. Die Meditation befreit uns von den antrainierten Filtern unserer Wahrnehmung und lässt uns die Dinge so sehen, wie sie sind. Oft fällt dem Meditierenden die Veränderung, die in ihm geschieht, selbst gar nicht auf. Doch in manchen Momenten wird sie einem gewahr. Ein einfaches Beispiel: Nehmen wir an, Sie haben sich dazu entschlossen, regelmäßig zu meditieren. Jeden Morgen und jeden Abend setzen Sie sich für jeweils zwanzig Minuten auf Ihr Meditationskissen oder Ihren Küchenstuhl und lauschen auf die Stille, die sich mit einem wohligen Gefühl in Ihnen ausbreitet. Doch immer, wenn Sie dort sitzen, knallt Ihr Nachbar seine Wohnungstür zu oder draußen fährt ein LKW vorbei. Anfangs regen Sie sich jedes Mal furchtbar über diese Störung auf: „Muss dieser Kerl immer die Tür knallen, wenn ich hier sitze und versuche, mich zu entspannen? Warum fährt ausgerechnet jetzt dieser LKW hier vorbei?“ Der Ärger über die Störung überschattet Ihre ganze weitere Meditation, die Gedanken kreisen darum, warum niemand auf Sie Rücksicht nimmt, warum diese Welt so verdammt laut ist und dass man sich so ja auf keinen Fall entspannen, geschweige denn mit dem geheiligten Kosmos in Kontakt kommen könne. Unter ihrem Meditationskissen liegt eine Erbse und Sie sind die Prinzessin, die einfach nicht zur Ruhe kommt.

Wenn Sie weiter meditieren, wird die Meditation zweifelsfrei ihre Wirkung entfalten. Irgendwann ändert sich Ihre Wahrnehmung. Wieder knallt Ihr Nachbar seine Tür, wieder fährt draußen ein LKW vorbei. Doch nun denken Sie: „Aha, da wird die Tür geknallt. Oh, wieder mal ein LKW.“ Ihr Ego, das nur seine Eigeninteressen im Blick hat, tritt ein wenig zurück und Ihr Blick wird schärfer. Eine Weile Meditationserfahrung später denken Sie bei den gleichen Ereignissen: „Das Geräusch einer Tür. Ein LKW, der vorbeifährt.“

Ihre geistige Beschäftigung mit den Geräuschen wird immer kürzer und deshalb fühlen Sie sich auch immer weniger gestört. „Tür, LKW.“ Und irgendwann erfolgt gar keine Bezeichnung des Geräusches mehr. In Ihrem Geist macht es einfach „Klack“ oder eben „Brumm“. Und damit ist die Sache auch schon erledigt.

Ihre Wahrnehmung hat sich geändert, Sie sehen die Dinge so wie sie sind. Da ist einfach das Geräusch einer Tür. Da ist niemand, der Sie absichtlich in Ihrer Meditation stört, niemand, der Ihnen Böses will. Der LKW-Fahrer hat auch nicht heimtückisch hinter der nächsten Straßenecke gewartet, bis Sie sich endlich zur Meditation hinsetzen, um dann hämisch lachend an Ihrem Haus vorbeizudonnern. Das hört sich vielleicht lächerlich an, aber im Grunde ist es genau das, was unser Ego sich vorstellt. Es nimmt sich selbst so wichtig, dass es sich von solchen Vorkommnissen gestört fühlt. Das Ego ist der Mittelpunkt der Welt und alles andere hat sich dem unterzuordnen. Alles, was geschieht, wird aus dieser Warte betrachtet, alles muss sich nach den momentanen Wünschen des Ego richten.

Die Meditation hilft uns, die Dinge zu sehen, wie sie wirklich sind, ohne dass unser persönliches Empfinden bei der Betrachtung eine übergroße Rolle spielt. So sind die Dinge einfach. Sie sind nicht zu laut, zu hell, zu warm, zu kalt, zu nervenaufreibend oder zu langweilig, sondern sie sind einfach so, wie sie gerade in diesem Moment auftauchen. Nicht mehr und nicht weniger.

Das hat nicht nur auf unsere Meditationspraxis einen großen Einfluss, sondern auf unser gesamtes Leben. Wir können auch in unserem Alltag schauen, ohne sofort zu beurteilen und das Gesehene in Kategorien und Schubladen einzuordnen. Unser Herz wird weiter für das, was sich vor unseren Augen entfaltet. Berge sind Berge, einfach vorhanden in ihrer Majestät. Flamingos sind Flamingos, einfach vorhanden in ihrem Rosa. Menschen sind Menschen, einfach vorhanden mit all ihren Fehlern und Schwächen und all ihrer Großartigkeit. Alles wird geschaut und friedlich erkannt. Alles ist einfach da. Und was sich wie ein Abstand zur Welt anhören mag, wie ein Nicht-darauf-Einlassen ist in Wahrheit eine unglaublich große Nähe. Ich erlaube den Dingen, so zu erscheinen, wie sie sind und nicht so, wie ich sie mir vorstelle. Und nur so wie sie sind, können sie mir auch wirklich nahekommen. Das gilt für Dinge wie für Menschen und Tiere.

Übung: Achtsamkeits-Meditation

Wählen Sie einen Platz und eine Körperhaltung, die heute für Sie angenehm sind und mit denen Sie sich wohlfühlen. Sie können aufrecht sitzen oder sich lang ausgestreckt hinlegen, wenn das für Sie bequemer ist.
Bei der Meditation gibt es kein Richtig oder Falsch - nichts, was Sie während Ihrer Meditation verkehrt machen könnten.

Atmen Sie nun ein paar Mal tief durch, ganz langsam und bewusst. Genießen Sie Ihren Atem, genießen Sie die Zeit, die Sie dafür haben. Es gibt nichts anderes zu tun, als genau jetzt hier zu sein.
Lassen Sie den Atem einfach kommen und gehen, wie er in diesem Moment erscheint. Folgen Sie Ihrem Atem bewusst, vertiefen Sie sich in das Gefühl, was entsteht, wenn der Atem durch die Nase, durch den Hals, in die Brust und in den Bauch fließt.
Spüren Sie die kleine Pause zwischen Einatmen und Ausatmen.

Und spüren Sie, wie der Atem wieder aus Ihrem Körper weicht, alles Alte mit ihm geht, wie Platz entsteht für Neues und Frisches.

Lassen Sie Ihren Geist einfach auf dem Atem ruhen, lassen Sie Ihren Geist auf der Welle des Atems segeln. Das bedarf keiner Anstrengung, denn alles geschieht ganz von allein.

Lenken Sie dann Ihre Aufmerksamkeit auf Ihren ganzen Körper. Spüren Sie das Heben und Senken der Bauchdecke. Spüren Sie den Druck der Erde oder des Kissens, auf dem Sie sitzen. Spüren Sie die Kleidung auf Ihrem Körper. Spüren Sie Ihre Hände. Spüren Sie Ihre Füße.

Vielleicht hören Sie einen Vogel, der draußen vor dem Fenster singt.
Vielleicht macht Ihre Heizung seltsame Geräusche.
Vielleicht bellt irgendwo in der Nachbarschaft ein Hund.
Das alles sind nur Geräusche. Nur Töne. Sie kommen und gehen. Sie erklingen und verschwinden wieder. Nichts stört – alles ist einfach nur da.
Alles ist da – genau wie Sie und Ihr Atem.

Manchmal taucht ein Gedanke auf. Nehmen Sie ihn an, als wäre er einfach ein Geräusch von außerhalb. Sie müssen sich nicht mit dem Gedanken identifizieren. Der Gedanke kommt – und er geht auch wieder.
Er zieht einfach vorbei. Beobachten Sie ihn und lassen Sie ihn los.

Immer wenn ein Gedanke Sie ablenkt und Ihre Aufmerksamkeit zu fordern scheint, bringen Sie Ihren Geist wieder ganz sanft zu Ihrem Atem zurück.
Lassen Sie Ihren Geist einfach auf Ihrem Atem ruhen.

Machen Sie dies für etwa 20 Minuten.
Probieren Sie, sich jeden Tag für diese grundlegende Medi-

tation Zeit zu nehmen. Sie brauchen sich nicht sklavisch an diesen von mir formulierten Ablauf zu halten. Sie werden selbst entdecken, wie Sie in die Stille kommen. Die Achtsamkeit auf den Atem ist ein Hilfsmittel, kein Dogma.
Es ist genug, wenn Sie für 20 Minuten einfach gar nichts tun. Finden Sie einen Weg, auf dem Ihr Geist still wird und gönnen Sie ihm diese Entspannung regelmäßig.

Die Stille ist nicht nur ein Spiegel für die Geschehnisse um Sie herum, sondern vor allem für die Geschehnisse in Ihrem Inneren und für Sie selbst. In der Stille des Nicht-Tuns fallen alle Masken von Ihnen ab, denn Sie müssen nichts richtig machen, Sie müssen keiner Anforderung gerecht werden und Sie müssen auch nichts Besonderes darstellen. Niemand verlangt etwas von Ihnen – und wenn Sie 20 Minuten lang Ihren Gedanken nachhängen, weil gewisse Dinge Sie im Moment einfach nicht loslassen, dann erkennen Sie einfach die Unruhe in Ihnen durch den Spiegel, den die Meditation bereithält. Sie erkennen, dass Sie unruhig sind, und diese Erkenntnis führt Sie unmerklich, langsam aber sicher, immer mehr zur Stille. Ihre Unruhe ist nicht mehr unbewusst, sondern sie wird durch das Licht Ihres Bewusstseins beleuchtet. Sie kann sich nicht mehr in Ihrem Inneren verstecken und Sie zu unbewussten Reaktionen verleiten. Der Moment der Erkenntnis beruhigt Ihr Inneres und Sie selbst leben und werden nicht durch Ihre unbewussten Reaktionsmuster *ge*lebt.

Meditation bringt Sie zur Erfahrung der Gegenwart. Nicht mehr und nicht weniger. Aber wenn die Gegenwart von Heiligkeit durchdrungen ist, dann ist Meditation eine Weise, diese Heiligkeit (die des Kosmos und somit auch ihre eigene) zu erfahren. Wenn Sie ganz in der Gegenwart ruhen, dann existieren Vergangenheit und Zukunft nicht mehr, dann ist nur noch das Jetzt, welches sich zeitlos in Ihnen erstreckt. (Denken Sie immer daran, dass all dies nur Worte sind, die versuchen eine Erfahrung zu beschreiben, die weit jenseits von Worten besteht.)

Der frühchristliche Philosoph Boethius sagte: „Ewigkeit ist, wenn es nicht mehr an Gegenwart fehlt." Diese Ewigkeit ist jetzt, denn in ihr existiert keine psychologische Zeit, die abläuft, davonläuft oder ähnliches. Es gibt keine Eile, keine Termine, keine Ziele, die es zu erreichen gibt. Es gibt keine spirituelle Entwicklung, die fortschreitet und Sie zu etwas macht, was Sie jetzt noch nicht sind. Es gibt keinen Weg, dem Sie folgen könnten. Es gibt nur das Hier, nur das Jetzt. Die Meditation reduziert Ihre Wahrnehmung auf genau diesen einen Moment – und damit erweitert sie gleichzeitig Ihre Wahrnehmung auf die Ewigkeit. Wirkliche Meditation bezieht sich nicht auf Vergangenheit oder Zukunft. Sie lässt sich nicht in Begriffe einsperren, ist namenlos.

Es gibt keine buddhistische Meditation. Es gibt auch keine Yoga-Meditation oder christliche Meditation. Das alles sind nur Methoden, die aus unterschiedlichen Richtungen auf etwas verweisen, was selbst keinen Namen hat und auch keines Namens bedarf. Welche Methode Sie anwenden, ist also völlig gleichgültig. Wichtig ist, dass Sie nicht meditieren (also meditieren *wollen*, sich entspannen *wollen*, alles versuchen zu erzwingen), sondern dass Ihr Geist in Meditation ruht, er Meditation *ist* und dieses meditative Moment auch im Alltag in sich trägt.

Wir ruhen im Nichtwissen, leben offen im Hier und Jetzt und entdekken unsere wahre, freie Natur in der Erfahrung der geheiligten Gegenwart. Gleichzeitig SEHEN wir uns und unsere Welt im Spiegel der Stille. Wir sehen alles so, wie es ist, nicht wie es unserer Meinung nach sein sollte oder wie unsere Fantasie es sich wünscht. Wir können unserem eigenen Erleben friedlich und liebevoll begegnen. Das reine Sein offenbart sich jenseits unserer Konditionierungen. Wir tauchen ein in das Leben des Universums und werden von ihm belebt und inspiriert. Wir erkennen, dass wir vom Kosmos durchdrungen, gehalten und erfüllt sind, genauso wie alles andere Sein. Der meditative Geist ist nah an der Quelle – so nah, dass er nicht mehr zwischen sich und der Quelle unterscheiden kann, auch nicht mehr unterscheiden muss, denn letztlich sind die Quelle und wir eins.

Kaum etwas im spirituellen Kontext ist so weit von der Religion entfernt wie die Meditation. Das Wort Religion kommt vom Lateinischen *religare*, was zurückbinden meint. Die Religion ist das, was uns wieder an Gott zurückbindet, uns wieder zu ihm zurückführt, die Trennung überwindet, die zuerst von der Religion selbst geschaffen bzw. uns eingeredet wurde. Dem Meditierenden ist klar, dass es eine Trennung vom Urgrund des Daseins niemals gegeben hat, gar nicht geben kann. Darum braucht der Meditierende keine Religion.

Und der Meditierende braucht auch keine großartigen Erfahrungen in der Meditation. Diese Erlebnisse kommen vor, aber sie stehen zum Erwachen im Verhältnis, wie es das Verliebtsein zur Liebe tut. Das Verliebtsein ist aufregend und aufgewühlt wie ein Meer im Sturm. Die Liebe ist ruhig und tief wie das Meer unter diesem Sturm.

Erwachen ist der konstante Einblick in diese Tiefe, das anstrengungslose Ruhen in ihr. Es ist nicht das Erlangen des Wissens der Welt, keine Hellsichtigkeit, keine übernatürliche Fähigkeit und darum vor allem nichts Unerreichbares. Es ist einfach das Erkennen, dass es keine Trennung gibt zwischen mir und „dem Rest da draußen". Es ist das Lächeln über das eigene Nicht-Wissen, das Blinzeln in die Sonne, die Wolke, die sich im offenen Raum meiner selbst offenbart, welchen ich Himmel nenne.

Wer braucht schon einen Zen-Meister, wenn er einen Hund hat?!

Ich frage mich, ob es wohl ein chinesisches Sprichwort über den folgenden Sachverhalt gibt: Der Hund und der Weise sind ununterscheidbar.
Raymond Smullyan

Die meisten Tiere sind Meister der Meditation und jede Schildkröte sieht für Vertreter meiner Generation aus wie Yoda, der Jedi-Meister aus Star Wars – nur eben ohne Ohren. Doch die wirklichen Großmeister der absichtslosen Versenkung in den Urgrund des Seins sind für mich Hunde[21]. Weg und Ziel der Meditation fällt bei ihnen ohne jede Anstrengung in eins. An ihnen ist nichts gekünstelt. Auf ganz natürliche Weise sind sie stets gegenwärtig – gleichzeitig offen und fokussiert. Sie sind ganz sie selbst, spielen niemandem etwas vor. Völlig selbstverständlich haben sie ihren Platz gefunden und eingenommen, ohne sich je zu fragen, ob sie gut genug sind, ob sie schön genug sind, ob sie liebenswert genug sind, ob sie vielleicht stören, ob sie das Recht haben, hier zu sein etc. All die Fragen, die viele Menschen umtreiben und die so viel Leid mit sich bringen, sind Hunden gänzlich unbekannt. Wie Raymond Smullyan so treffend sagt, scheinen sie „von morgens bis abends geradezu im Tao zu schwimmen".

Meditation ist für Hunde nichts von ihrem Alltag Getrenntes, sie haben kein spezielles Sitzkissen, keine Meditationsmusik und keine Räucher-

21 Katzenbesitzer und Meerschweinchenliebhaber mögen mir bitte nachsehen, dass ich mich in diesem Kapitel gänzlich politisch unkorrekt auf eine einzige Spezies konzentriere und nicht in jedem Satz versuche, alle anderen Tiere mit einzubeziehen. Sie können das in Gedanken gern machen, ich jedoch konzentriere mich hier auf Hunde, weil ich sie am besten von allen Tierarten kenne und sie für die wahre Krone der Schöpfung halte. Bis auf den Mundgeruch und ihre Neigung sich in Abfällen und halbverwesten Vögeln zu wälzen, versteht sich.

stäbchen. Es gibt auch keinen heiliggesprochenen Hund, dem die anderen alle nacheifern und einem Hund würde es auch NIEMALS einfallen, einen Teil seines Futters einer imaginären Hundegottheit zu opfern. Ganz gewiss nicht!

Hunde sind die einzigen Wesen, die ich in meinem Leben kennengelernt habe, die eine vielzitierte indianische Weisheit verwirklicht haben: Wenn sie liegen, dann liegen sie; wenn sie laufen, dann laufen sie; wenn sie essen, dann essen sie; und wenn sie bellen und spielen und toben und völlig durchdrehen, dann tun sie genau das. Sie sind die absolute Achtsamkeit, absolute Präsenz.

Hunde können unglaublich schnell von Anspannung zu Entspannung wechseln. Eben noch auf der Jagd oder völlig von einem Spiel eingenommen, herumrasende Muskelpakete voller Adrenalin, sind sie im nächsten Moment Könige der Buddhas. Die Muskeln und Nerven entspannt, der Geist leer. Einfach nur da sein, Sonne auf dem Fell, Wind um die Nase, die Augen halb geschlossen. Ohne irgendeine Absicht, ohne irgendein Ziel. Ganz jetzt, ganz hier. Ihre Meditation hat nichts künstlich Sakrales, sie ist das völlige Annehmen des jetzigen Moments ohne Zweck oder Gedanken an einen Nutzen. Augenblick reiht sich an Augenblick, immer wieder neu. Mal wirft jemand einen Ball, mal nicht. Mal geht man in der Sonne spazieren, mal regnet es und man wird nass. Die Dinge sind so wie sie sind und werden nicht durch gedankliche Erwartungen verstellt oder getrübt. Hunde können jetzt tief versunken meditieren und im nächsten Moment hinter einem Ball herjagen ohne dabei jedoch ihre Meditation unterbrechen zu müssen. Sie wechseln einfach in einen aktiven Meditationsmodus und sind in diesem dann völlig präsent. Sie müssen sich selbst nichts erklären und erst recht nicht anderen. Hunde benötigen keine Bekenntnisse, die ihr Ego strukturieren und die sie anderen gegenüber verteidigen müssen. Zwar gibt es Hunde, die am liebsten *Royal Canin* fressen, doch spielen sie trotzdem ohne zu zögern mit einem Artgenossen, der *Eukanuba* bevorzugt. Sie müssen denjenigen mit anderen Vorlieben weder bekehren noch ablehnen, und sie planen auch nicht, ihn aufgrund seiner Andersartigkeit einzusperren oder umzubringen. Einer Dogge ist es auch nicht peinlich, mit einem

Yorkshire-Terrier gesehen zu werden, und zwei gleichgeschlechtliche Hunde haben kein Problem damit, sich einen Schlafplatz zu teilen[22].

Wir können also viel von Hunden lernen, vor allem aber ihren natürlichen Zugang zur Meditation. Auch wir müssen kein großes Brimbamborium veranstalten, keine spezielle Zen-Kleidung anlegen und uns mit exotisch klingenden Mantras in Stimmung bringen. Wir können ganz spontan im gegenwärtigen Augenblick ruhen, ins Jetzt hineinfallen und einfach sein. Geist und Sinne nehmen unmittelbar wahr, ohne sich von Intellekt oder Emotion in die eine oder andere Richtung reißen zu lassen. Eine innere Stille breitet sich in uns aus, in der die Schönheit wohnen kann.

22 Wenn ich mir all diese Eigenschaften von Hunden ansehe, wundert es mich sehr, dass es im Bible-Belt der USA überhaupt Hunde gibt.

Schönheit und Sehnsucht

Das Universum ist voll der wunderbaren Dinge,
die geduldig darauf warten, dass unsere Sinne schärfer werden.
Eden Phillpotts

Eine meditative Haltung schenkt unserem Geist und unserem Blick Klarheit. Wir sehen die Dinge, wie sie sind – unverstellt von Gedanken. Unser Blick wird reif für die stille Kraft der Schönheit und unser Herz ruht sich in ihrer Gegenwart aus. Einer alten Definition von Schönheit zufolge, ist sie das, worauf unser Auge ruhen kann. Es ruht und wird gleichzeitig schärfer. Es wird fokussierter auf das Wesentliche an den Dingen, erkennt die innewohnende Schönheit von jungen und alten Gesichtern, von Lächeln, von Tränen, von Vogelschwärmen, deren synchrone Richtungsänderungen verblüffen und von den Sternen der Milchstraße, die wir in einer klaren Nacht als Pfad unserer Sehnsucht am Himmel sehen können. Unsere Sehnsucht ist es, die uns zur Schönheit führt. Die Schönheit lockt unsere Sinne hinaus in die Welt und gleichzeitig hinein in unsere Seele, ihre leise Stimme ist in unserer Neugier und unserem Forscherdrang vernehmbar. Die Schönheit webt ein Lied, zu dem unsere Sinne tanzen. Ähnlich wie Planeten ihre Sonnen, umkreisen unsere Sehnsucht und unsere Sinne die Schönheit. Wir werden von der Harmonie der Welt angezogen, die nicht ebenmäßig und gleichförmig, sondern überbordend vielfältig ist und manchmal auch schräg und gebrochen sein kann. Die Schönheit der Welt hat ihre ganz eigene Gravitation.

Ein windschiefer, knorriger Baum, der sich seit hunderten von Jahren einsam auf einem Feld dem Westwind beugt und dennoch nicht bricht, trägt eine ganz besondere Schönheit in sich. Seine Äste, gebogen und gewunden, entsprechen nicht unseren üblichen Vorstellungen für Harmonie und Perfektion. Aber sein verdrehtes, in den Himmel ragendes Zeichen des Lebens in der Welt, die Signatur seiner eigenen Sehnsucht nach Licht und

Wasser und Leben, berührt uns auf eigentümliche Weise. Die Linie des Horizonts wird durch ihn gebrochen, die scheinbare Perfektion einer klaren Trennung zwischen Himmel und Erde durch seine Existenz aufgelöst. Die Sehnsucht eines kleinen Keims nach Leben hat sich in die Welt herausgereckt und sich von nichts aufhalten lassen.

Auch unsere Sehnsucht führt uns in die Welt. Sie ist das Bindeglied zwischen unserer inneren Schönheit und der Schönheit der Welt, die uns umgibt. Unsere Sehnsucht führt uns zu schönen Orten, schönen Klängen, schönen Menschen, schönen Gefühlen, die mit unserer inneren Schönheit in Resonanz treten. Das Schöne berührt uns und befruchtet unser Inneres. Schönheit nährt uns. In einer Welt ohne Schönheit verkümmert unsere Seele. Eine Welt, in der es nur noch Industrieanlagen und Bankentürme gibt, tötet das menschliche Empfinden für Schönheit ab. Philip Carr-Gomm[23] sagte einmal: „Mit jeder Tierart, die ausstirbt, stirbt etwas in uns." Wir brauchen die Vielfalt, aus der sich die Schönheit heraus entfaltet. Wir brauchen die schroffen Felsen der Bretagne ebenso wie liebliche Strandlagunen thailändischer Inseln. Wir brauchen undurchdringlichen Amazonas-Dschungel und die weiten Ebenen der Mongolei. Wir brauchen junge Gesichter und alte Gesichter in unseren Straßen, wir brauchen die mathematische Harmonie von Bach-Kantaten ebenso wie die Improvisation von Rock-Sessions oder ein völlig durchgedrehtes Free-Jazz-Saxophonsolo.

Wir brauchen es, uns von der wahren Schönheit des Seins berühren zu lassen. Unsere Sehnsucht muss der Verlockung des Universums erliegen und im Schauen, Hören, Fühlen, Riechen, Schmecken und Kontemplieren ihre Heimat finden. Unsere Sehnsucht muss unsere eigene Schönheit hervorlocken, deren schöpferische Kraft die Schönheit des Universums erweitert.

Wir können singen und unsere Stimme dem Lied des Seins hinzufügen. Wir können malen und unsere Farben dem Bild des Universums zuteilwerden lassen. Wir können Kinder zeugen und bekommen und in ihren Augen den Schein des kosmischen Feuers entdecken, dessen Schönheit mit unseren Kindern wächst. Wir können für unsere Gäste kochen und ihnen einen wirklich schönen Abend bereiten – einen Abend, an dem sich die

---

23 Philip Carr-Gomm ist das gewählte Oberhaupt des größten Druidenordens der Welt, des *Order of Bards, Ovates and Druids* (OBOD) und ein Mann, der die drei Säulen des Druidentums – Weisheit, Kreativität und Liebe zur Natur – sowie eine große Neugier auf die Welt verinnerlicht hat.

Schönheit in den tiefen Gesprächen, in dem Genuss des guten Essens und in den zufriedenen und beseelten Gesichtern spiegelt. Mit allem, was wir tun, können wir die Schönheit mehren. Dabei dürfen wir nicht den Fehler machen zu denken, Schönheit ließe sich nur in Perfektion finden. Das Universum schert sich nicht um Perfektion, sondern einzig und allein um Entwicklung. Das Universum ist nicht an kosmetischer und chirurgischer Gleichmacherei interessiert - und 6,5 Milliarden Menschen, die alle wie Ken und Barbie aussehen, wären kein Ausdruck von Evolution und Individuation, sondern schlicht von schlechtem Geschmack. Es gibt kaum etwas Langweiligeres als sogenannte perfekte, aber von Operationen und Botox zu Ausdruckslosigkeit verurteilte Gesichter.

Leben hinterlässt Spuren der Entwicklung, der Verlockung, der Sehnsucht und der Schönheit.

Unser Heimatplanet hat die schönsten Falten, die es gibt. Vor etwa 53 Millionen Jahren drückte der afrikanische Kontinent durch eine nordwärts gerichtete tektonische Bewegung die adriatische Platte in das südliche Europa hinein, wodurch sich eine geologische Auffaltung ergab, die wir heute die Alpen nennen. In der maximalen Phase dieses Ineinanderdriftens der Kontinentalplatten wuchsen die Alpen pro Jahr ca. 5mm. Dieses Wachstum ist nun viel langsamer, setzt sich aber fort, denn die Kontinentalplatten bewegen sich weiterhin mit ca. 5 cm pro Jahr aufeinander zu und drücken die Alpen nach oben. Die Erde wird also zunehmend faltiger, der Charakter ihrer Entwicklung drückt sich immer stärker in ihrem Äußeren aus.

Stellen Sie sich einen kosmischen Schönheitschirurgen vor, der all diese Falten (natürlich auch die Rocky Mountains, den Himalaya, die Dolomiten und die Vogesen) glättet und in eine ebenmäßige Oberfläche ohne Verwerfungen und Farbabweichungen verwandelt. Ein ganzer Planet als gleichmäßig schimmernde Plastikkugel. Perfekt ... und leider absolut tot. Möchten Sie auf solch einer Kugel leben?

Schönheit ist etwas ganz anderes. Schönheit drückt sich dann aus, wenn das wahre Wesen von etwas oder jemandem nach Außen tritt. Wenn die Entwicklung sichtbar wird. Wenn die innere Tiefe an die Oberfläche kommt. Wenn die Sehnsucht sich zeigt und die Leidenschaft das Äußere zeichnet. Wenn Sie unter der Dusche lauthals Opernarien singen, erblickt eine Schönheit das Licht der Welt, die zuvor verborgen war. Es ist, als öffneten Sie Ihren Brustkorb und böten der Welt Ihr Herz als Geschenk dar. Sie trommeln für Ihr Leben gern und können an keiner Mülltonne, keinem Tisch, keinem Joghurtbecher und keinem Blumentopf vorbeigehen, ohne den Klang dieser Objekte auszuprobieren? Ihr Rhythmus ist im ganzen Universum gegenwärtig, der offene Raum des Seins ist mit dieser Musik erfüllt, zu dem sich die Planeten bewegen.

Sie schreiben Gedichte und haben ständig ein Notizbuch dabei, weil die Worte nur so aus Ihnen hervorsprudeln? Ihre einzigartige Kombination von Worten erhellt die hintersten Winkel Ihrer Seele und lässt das Universum einen weiteren Teil von sich selbst entdecken, der seine Schönheit nicht hinter der Angst, nicht zu genügen oder nicht gut genug zu sein, verstecken sollte.

Sie arbeiten gern im Garten, haben immer Erde unter den Fingernägeln und Blumensamen in Ihren Hosentaschen? In Ihrem Garten hinter dem Haus, auf Ihrer Kleingartenparzelle oder auch auf dem stinklangweiligen Stadtgrundstück, auf dem Sie in nächtlichen Guerilla-Aktionen Blumen pflanzen, fügen Sie dem Universum blühende Schönheit hinzu.

Sie spielen gern mit Kindern und verlieren sich selbst in den Abenteuern von Cowboys, Prinzessinnen, Löwendompteurinnen, Regenbogenelfen und Drachenkämpfern? Das Wachstum dieser verspielten Seelen, welche Sie mit Ihrem eigenen Spiel fördern, lässt das ganze Universum wachsen, denn glänzende Kinderaugen sind die Juwelen des Kosmos.

Wenn Sie etwas mit Leidenschaft tun, dann folgt Ihre Seele dem Pfad ihrer inneren Sehnsucht nach Schönheit. Sie möchten Schönheit erfahren, Sie möchten Schönheit erschaffen.

Unsere Sehnsucht nach Schönheit ist eine Triebfeder unserer eigenen Entwicklung als auch der Entwicklung unserer ganzen Kultur. (Auch wenn das manchmal schwer vorstellbar scheint, wenn man sich manche Orte auf dieser Welt anschaut.)

Können Sie sich eine außerirdische Kultur irgendwo in den Weiten des Weltalls vorstellen, die keine Fähigkeit zur Kunst und zur Musik entwickelt hat? Können Sie sich vorstellen, dass sich eine Kultur weiterentwickelt, die keinen Sinn für das Schöne hat, die stets das rein Praktische dem Wunder vorzieht? Eine Kultur, die nie wahrhaft zu SEHEN gelernt hat, sondern alles nur und ausschließlich benutzt? Eine Kultur, die intelligent ist, obwohl sie nichts verlockt und ihre Sehnsucht in die Weite und Schönheit zieht? Eine Kultur, die keinerlei Sinn für das Schöne hat und auch nicht Schönes erschafft, und dennoch Bestand hat?

Ich kann mir das nicht vorstellen. Ohne Sehnsucht, ohne Neugier stirbt der Intellekt. Ohne das Erschaffen von Schönheit ist eine Kultur zum Untergang verurteilt. Ohne Diversität der Formen, ohne Brechung des Horizonts, ohne Verwerfungen der Leidenschaft ist keine Entwicklung möglich. Eine Welt ohne Schönheit ist eine tote Welt – und meine größte Angst ist, dass ich diese Kultur gar nicht in den Weiten des Alls sondern in der nahen Zukunft unseres Planeten suchen muss.

Wir müssen die Schönheit der Erde wahrnehmen und sie schützen. Wir müssen auch unsere eigene Schönheit wahrnehmen und sie ebenfalls schützen. Wir müssen unsere Einzigartigkeit und unseren einzigartigen Ausdruck unserer inneren Schönheit in jedem Bereich leben: In unseren Liedern und Tänzen, in unserem Humor und unserer Trauer, in unserer Spiritualität und unserer Kosmologie, in unserer Art zu kochen und unserer Art Blumen zu pflanzen, in unserer Art Geschichten zu erzählen und in unserer Art zuzuhören. Wir können Schönheit mit unserem Blick ehren und wir können Schönheit mit allem, was wir sind erschaffen. Wir können füreinander und für die Welt Spiegel der Schönheit sein – wir können erkennen und erkannt werden. Unsere Sehnsucht lockt uns in die innere und die äußere Schönheit, verbindet beide miteinander und setzt mit unserem Leben ein Zeichen.

Aus der Wunde zur Weisheit

Wirkliche Furchtlosigkeit erwächst aus der Zartheit,
aus der Bereitschaft, dein verwundbares, wunderbares Herz
von der Welt berühren zu lassen.
Du bist bereit, dich ohne Abwehr und ohne Scheu
der Welt zu öffnen, und du bist bereit,
dein Herz mit anderen zu teilen.
Chögyam Trungpa

So wie wir alle individuelle Gaben besitzen, haben wir auch individuelle Wunden. Kaum jemand übersteht seine Kindheit und Jugend ohne mittelschwere Blessuren an seiner Psyche. Manchmal werden diese Wunden von einer Generation an die nächste weitergereicht. So kalt und gedankenlos wie der Großvater die eigene Mutter behandelte, so wurden dann auch wir behandelt und so behandeln wir nun unsererseits unsere Kinder. Bei solchen „Traditionen“ muss es jemanden geben, der die Kette durchbricht, der den Prozess versteht, der keine Angst davor hat, sich selbst anzuschauen und der willens ist, etwas Grundlegendes in seinem Leben zu ändern.

Die Erfahrungen der Kindheit sind oftmals Quellen der Wunde, aber auch die beneidenswerten Menschen, die ihre Kindheit in Bullerbü zubringen durften, begegnen eines Tages ihrem Schatten. Der Verlust der Arbeitsstelle, eine Scheidung, finanzielle Nöte oder der Tod eines geliebten Menschen lassen Risse in unseren Alltags-Masken entstehen, die nicht mehr zu verbergen sind. Oft schleppen wir Sorgen und Probleme jahrelang mit uns herum, agieren nicht mehr in der Welt, sondern reagieren nur noch aus unseren Ängsten oder aus unseren Schuldkomplexen heraus. Die Risse werden größer und alle Versuche, sie notdürftig zu reparieren, scheitern. Aus diesen Rissen strömt unsere Kraft ins Nirgendwo – es ist, als wäre ein verborgenes Ventil in unserem Inneren undicht, aus dem all unsere Energie langsam aber sicher versickert. Nahezu jedes menschliche Herz ist durch eine Wunde, einen Riss im Sein, gekennzeichnet.

Unsere Biografie hat uns diese Wunde zugefügt, und diese Wunde hindert uns daran, wirklich am Leben teilzunehmen. Verletzungen unserer Würde (ob sie uns nun körperlich oder seelisch oder in beiderlei Hinsicht zugefügt wurden) lassen uns denken, wir seien nicht ausreichend, wir würden nur Fehler machen und unsere Gaben bräuchte niemand. Die Wunde erzeugt eine schlechte Kosmologie, in der wir nichts wert sind, eine Kosmologie, die von Gefühlen der Sinnlosigkeit oder Versagensängsten bestimmt ist. Es ist ein Weltbild, welches dafür sorgt, dass unsere Gaben und Fähigkeiten in unserem Inneren verschlossen bleiben und niemals die Schönheit der Welt mehren. Unser Unglück nährt das Unglück der Welt – und deshalb fühlen wir uns noch schlechter. Doch Weltbilder sind Paradigmen, die der Veränderung unterliegen. Neue Ideen setzen sich irgendwann durch, widerstehen sowohl den Angriffen von außen (in diesem Fall z.B. von jenen Menschen, die uns gern schwach sehen, weil sie sich dadurch stärker fühlen) als auch von innen (unserem eigenen Ego, das sich selbst in seinem Leid bestätigt und sich dadurch am Leben erhält) und verändern allmählich unsere Weltsicht und somit unser Leben.

Mir ist bewusst, dass über Veränderung zu sprechen weitaus leichter ist, als sich *wirklich* zu verändern. Eine Achtsamkeit zu entwickeln, die das eigene Leben genau betrachtet und mitfühlend analysiert, kann Jahre dauern und viele Schmerzen erfordern. Wir beginnen diesen Prozess nach einem ersten Einblick in unser Innerstes, nachdem wir vielleicht Jahre brauchten, um durch Meditation oder andere Übungen zu der Ruhe zu kommen, die uns überhaupt erst die Möglichkeit gab, in den inneren Spiegel zu schauen und selbst die Verantwortung für unser Handeln und unseren emotionalen Haushalt zu übernehmen. Nun, nach diesem ersten Erkennen, schauen wir genauer hin, doch die Ablenkungen sind groß: Da ist unser Job mit seinen Anforderungen, da ist die Familie, die ebenfalls unsere Zeit und Aufmerksamkeit beansprucht, da sind Medien und anderer Zeitvertreib, Hypotheken und andere Sorgen. Vielleicht gibt es religiöse Strukturen, die mir sagen, dass mit mir alles in Ordnung ist oder aber dass ich grundsätzlich sündig bin und ohnehin nichts ändern kann. Vielleicht fühle ich mich schuldig gegenüber der versprochenen Gnade Gottes, wenn ich mich um mich selbst kümmere und nicht blind auf sie vertraue. Vielleicht meine ich auch, dass ich es nicht anders verdient habe und probiere so gar nicht erst meine Situation zu verbessern.

All dies sind Versuche des Ego uns zu suggerieren, dass sich nichts verändern darf, denn nichts hasst das Ego mehr als Veränderung. Wahre Veränderung stellt immer das Ego in Frage, unser Selbstbild (ganz gleich ob positiv oder negativ) gerät mit unserem Weltbild ins Wanken und wir können nicht mehr auf andere zeigen, die schuld sind, sondern nur auf uns, die wir verantwortlich für unser eigenes Leben sind.

Wenn andere schuld sind, sind wir das Opfer – und daran kann man sich wirklich gewöhnen. Auf der einen Seite ist man einfach zu bemitleiden und das tut manch einem wirklich gut und ersetzt so manchen verlorenen Lebenssinn, auf der anderen Seite ist die Schlechtigkeit der Welt und unserer Mitmenschen eine willkommene Ausrede, um nicht selbst aktiv zu werden.

Doch wir können unsere Wunden identifizieren. Wir können sie untersuchen, ihren Ursprung entdecken, ihre Wirkung in uns und in unserem Leben, ihre Wirkung auf andere und die Resultate, die diese Wirkung hervorbringt. Wenn wir diesen Schritt getan haben, folgt alles Weitere. Wir können *über* unsere Wunde sprechen, wir können auch *mit* unserer Wunde sprechen. Wir können Mitgefühl für uns selbst aufbringen und wir können uns dazu entschließen, uns nicht mehr von dieser Wunde bestimmen zu lassen. Wir können unsere Freiheit wiedergewinnen und unsere größte Wunde in unsere größte Fähigkeit verwandeln.

Visionssuchen und andere Initiationsriten, schamanische Arbeit, Meditation und aktive Imagination sind allesamt Möglichkeiten, die Anomalie, die unser bestehendes Paradigma der Wert- und Sinnlosigkeit infrage stellt, empirisch zu untersuchen und die sich in uns sammelnden Erkenntnisse in unser Leben zu integrieren. Ein neues Weltbild entsteht nicht über Nacht. Erst einmal sind neue Ideen – wie eine generelle Zugehörigkeit zum Kosmos, eine gegenseitige Bedingtheit der Phänomene, eine Sinnhaftigkeit aller Erscheinungsformen durch ihr eigenes Sein und eine Entkoppelung des Sinns von einer Gottesvorstellung – einfach Anomalien, die unser gewohntes Bild der Welt und uns selbst, also unsere gewohnte Kosmologie, hinterfragen. Es ist die Krise unseres ursprünglichen Paradigmas, welches uns lange genug ins Unglück gestürzt hat. Durch die genannten Methoden spiritueller Arbeit (wobei ich ausdrücklich betonen möchte, dass es auch andere wirksame Methoden gibt) begegnen wir sowohl der äußeren Wildnis als auch unserer eigenen inneren Wildnis. Wenn es uns gelingt, beidem unvoreingenommen gegenüberzustehen und uns wirklich auf sie einzulassen, schenkt uns die Welt ein Gefühl der bedingungslosen Zugehörigkeit im Erkennen dessen, dass beides nicht voneinander getrennt ist, und stellt uns die eine Frage, die uns zu unserer größten Weisheit führen kann: Was ist wirklich wesentlich in meinem Leben?

Der Kosmos spricht zu uns: Wolken geben uns Kunde, der Wind in den Bäumen wispert uns etwas zu, Tiere erscheinen, Spiralnebel öffnen ihre Arme, Sterne berühren uns. Unsere Gedanken werden klarer und der innere Ursprung unseres Schmerzes wird uns bewusster. Etwas bricht uns auf, stürmt unsere Grenzen und unsere Abwehr. Sowohl der Kosmos der äußeren Wildnis als auch wir selbst in unserer inneren Wildnis prüfen und segnen uns. Der ursprüngliche Segen der Zugehörigkeit zu einer Welt voller Leben wird uns in der Erfahrung unseres eigenen Herzschlags und Atems gewahr und wir selbst segnen uns durch unser Einfinden in den Kreis des Seins. Uns wird klar: Alles um uns herum ist wichtig, ist Teil einer Natur, die ihren Sinn in sich selbst trägt, genau wie wir es tun. Wir sterben im Hinblick auf unsere vergangenen Überzeugungen und Meinungen über uns und die Welt, und werden wiedergeboren für eine bewusste Teilhabe an allem, was uns umgibt. Der Segen, den der Kosmos und wir selbst uns geben, erneuert unser Herz und öffnet unsere Augen.

Immer mehr kommt unser innerster Kern zum Vorschein: Manchmal unter Schmerzen und Tränen, manchmal mit großer Freude und einem Gefühl der unendlichen Weite. Die Begegnung mit dem geheiligten Kosmos entkleidet uns geistig, sie zieht uns die Schichten gesellschaftlicher Konventionen, oktroyierter Schein-Bedürfnisse und verbildeter Grübeleien ab und legt das frei, was wirklich in uns ist und dem wir fortan folgen können. Chögyam Trungpa, der große tibetische Gelehrte und Meditationsmeister, den ich schon zu Beginn dieses Kapitels zitierte, sagte über diese Form der Begegnung unserer selbst mit der Welt: „Da ist kein Platz mehr für Rüstung, keine Zeit, uns zu isolieren. Alles ist unmittelbar. Durch diese Nacktheit und Offenheit wird der Kosmos auf völlig neue Weise enthüllt." Der geheiligte Kosmos ist in uns und durch uns lebendig. Unser ursprüngliches Paradigma bricht endgültig zusammen und wird ersetzt durch eine Erfahrung der Teilhabe, der Entfaltung und der Freiheit.

Ein trauriges Herz singt erst einmal nur traurige Lieder. Doch ein geheiltes, ein *ge-heiligtes* Herz kennt seine eigene Tiefe und entdeckt dort Lieder, die die Tiefe der Welt in neue Melodien kleiden. Wir sind verletzt worden, haben geweint, gelitten, haben die Wunde identifiziert, haben einen Prozess der Klärung durchlaufen, haben uns und unser Weltbild (welches durch die Wunde bestimmt wurde) hinterfragt, sind durch unsere Ängste gegangen, sind verbrannt worden, haben einen Paradigmenwechsel durchlaufen und entdecken nun die Stärke, die in dieser Wunde liegt – sie hat uns getötet, uns gezwungen unser altes Weltbild loszulassen und lässt aus diesem völligen Loslassen einen freien Menschen neu zur Welt kommen. Der Kosmos bietet uns eine starke Medizin, die unser Herz mit manchmal nicht sehr sanfter Gewalt zerbricht und es danach zärtlich wieder zusammensetzt. Diese Medizin, die Steven Foster, einer der Gründerväter moderner Visionssuchen im Westen, den „Heiligen Fluss" nannte, wird in uns aufgenommen und verwandelt uns. Dieser heilige Fluss ist überall und sein Raunen, in dem die Stimme unserer eigenen Vision, unserer eigenen Heiligkeit und der der Welt vernommen werden kann, erfüllt uns gänzlich. In diesem Raunen hören wir das Lied unseres geistigen Todes und unserer Wiedergeburt, wir hören die Tränen, die wie Regentropfen auf den harten Boden der ausgedörrten Prärie trommeln und die uns gelehrt haben, das Unwichtige vom Wichtigen zu unterscheiden. Der Schmerz hat uns gelehrt, unsere eigene Hebamme zu sein und unseren innersten Kern und unsere Vision für unser Leben zur Welt zu bringen. Der Abstand zur Welt, der sich in Zynismus oder Gefühlen der Sinnlosigkeit manifestiert, der unsere Verzweiflung ausmachte und der das Gewicht unserer Sorgen, Zweifel und Ängste immer erdrückender werden ließ, weicht einer wahrhaftigen Teilhabe am Leben voller Mitgefühl, Liebe und Dankbarkeit.

Eine veränderte Welt erwartet uns mit offenen Armen und ruft uns bei unserem wahren Namen. Wir werden uns unserer vollen Menschlichkeit bewusst, unserer Verletzlichkeit und unserer Stärke, wir sind offen für das Mysterium des Lebens, welches wir durch unser eigenes Dasein in die Welt einbringen müssen.

Auf der Heldenreise unseres Lebens bahnte sich unser Herz durch den Riss im Sein und den durch ihn entstandenen Schmerz seinen Weg in die Welt. Einmal wahrhaftig in der Welt, kann unser Herz nicht mehr zurück. Es lebt authentisch in seiner Liebe zu allem was ist, innig in seiner Musik und Kunst, die diese Liebe in anderen Formen ausdrückt, ehrlich und sich seiner selbst bewusst in seinen Begegnungen mit Freunden, Familie, Partnern, Kindern, Kollegen und Fremden. Das Universum hat uns etwas geschenkt, was unser Inneres heil gemacht hat. Wir sind heil, weil wir etwas Heiliges erfahren haben, weil wir wissen, woher der Schmerz kommt und wie wir mit ihm umgehen können. Wir wissen, wer wir sind und welche Verantwortung wir gegenüber uns selbst, gegenüber unseren Nächsten und der Gesellschaft, in der wir leben, haben.

Der kosmische Wanderer, der durch seinen Schmerz und seine Angst hindurchgegangen ist, der geheiligt worden ist und der sein geheiligtes Herz bei allem, was er tut, einsetzt, ist ein neuer Mensch: Gestorben und wiedergeboren - frei zu sein, der er ist. Frei zu sagen: Ich bin.

Ich bin.

Jede Religion wird vergehen, doch dieses eine wird bleiben:
einfach in einem Sessel sitzen und in die Ferne schauen.
Wassili Rosanow

Spiritualität muss weit genug sein, um all meine verschiedenen Seelenanteile, das Großartige und das Erbarmungswürdige, und ebenso all meine Zweifel zu umfassen und aufzunehmen.

Sie muss das Forschen beinhalten. Ein Erforschen der äußeren Welt und ein Erforschen der inneren Welt.

Wahre Spiritualität stellt sich täglich die Frage: Was ist diese Spiritualität wirklich? Welchen Wert hat sie? Was verändert sie in mir?

Wenn ich mich beispielsweise als Christ bezeichne, so muss ich mich täglich fragen: Was ist ein Christ? Je tiefer ich diese Frage stelle, desto mehr wird sie zu Fragen wie: Was ist ein Sucher? Was ist cin menschliches Wesen? Wer bin ich?

Und die einzig befriedigende Antwort, die ich geben kann ist: Ich bin. Kein noch so ausgefeilter Zusatz zu diesen beiden Worten kann mich und meine Erfahrung adäquat umschreiben. Zwar mögen Menschen Bezeichnungen und Etiketten, weil sie die Welt einfacher und geordneter erscheinen lassen. Wir stecken nicht nur andere Menschen und Dinge in bequeme Schubladen, sondern gern auch uns selbst. Manchmal scheinen uns unsere Selbstauskünfte ein Gefühl von Sicherheit und Heimat zu vermitteln. Mit Hilfe unserer Eigenbezeichnung verorten wir uns selbst und zeigen „wer wir sind". Mit einem einfachen Wort trennen wir uns vom Subtext unserer persönlichen Geschichte, von den Erfahrungen, die wir auf unserem Weg gemacht haben. Sätze wie „Ich bin Buddhist. Ich bin Moslem. Ich bin Atheist. Ich bin BMW-Fahrer. Ich bin Schamane. Ich bin CDU-Wähler. Ich bin Ken-Wilber-Leser. Ich bin Slayer-Fan." erwecken den Anschein, als würden wir zu etwas stehen. Und das ist genau das Problem dieser Sätze: Wir stehen zu ETWAS, aber nicht zu uns. Im Grunde sind diese Sätze ein scharfes Messer, was das von uns abtrennt, was über die selbstgewählte Schublade hinausreicht. Doch was ist an diesen Behauptungen wahr, was von diesen Worten beschreibt wirklich unser Innerstes? Sind wir so einfach gestrickt, dass ein einzelnes Wort dem Reichtum unserer Erfahrung gerecht wird?

Ich kann mich sehr gut an einen Vortrag von Seán ÓLaoire erinnern, den ich einmal übersetzte. An diesem Abend sagte er: „Wenn du wirklich ernsthaft auf dem spirituellen Weg sein willst, musst du vier Morde begehen. Erstens musst du dein Ego töten. Zweitens musst du deinen Vater töten, drittens deinen Guru. Und letztlich musst du auch Gott töten..."

Unser Ego ist unser Selbstbild, das, was wir mit unseren Etiketten und Bezeichnungen zu beschreiben versuchen. Unser Ego ist das, wohinter wir uns verstecken, unsere Maske, unsere Rolle, die wir der Welt vorspielen und von der wir nur allzu oft glauben, dass sie der Realität entspricht. Dieses Ego ist so zerbrechlich, so leicht zu erschüttern, dass es nur verwundern kann, wieso es überhaupt Bestand hat. Des Rätsels Lösung liegt in dem Verbündeten, auf den das Ego immer wieder zurückgreifen kann, wenn es hinterfragt wird: Angst. Die Angst ist es, die uns in Verteidigungsposition zwingt, die das Bild, das wir mit einfachen Pinselstrichen von uns gemalt haben um jeden Preis beschützen will. Das Ego will sicher sein und fürchtet sich vor dem freien Fall. Es kann nicht erkennen, dass der freie Fall den freien Flug bedeutet. Das Ego ist die Tür mit einem exorbitant großen Namensschild, welches den offenen Raum hinter ihr verbirgt. Das Ego zu töten heißt, das Namensschild abzuschrauben, auf eine Definition unserer selbst zu verzichten, heißt, die Tür zu öffnen und einen Schritt über die Schwelle zu wagen.

Unseren Vater zu töten meint, die Tradition aus der wir stammen oder die wir selbst gewählt haben, intensiv zu hinterfragen. Was aus dieser Tradition dient nur den Bedürfnissen meines Ego nach Sicherheit? Was pflegt nur das Bild, das ich von mir selbst habe und was oft nichts anderes ist, als das, was ich gerne wäre aber nicht bin? Was entspricht mir wirklich und was von den tradierten Inhalten glaube ich wirklich, wenn ich es mir ernsthaft ansehe? Woran halte ich fest, obwohl es sich, wenn ich mir gegenüber ganz ehrlich bin, längst als unwahr herausgestellt hat? Wenn ich diese Tradition, diesen Vater töte, muss ich mich selbst in der Welt zurechtfinden.

Da ist niemand mehr, auf dessen Schoß ich sitzen kann und der mir die Verantwortung abnimmt.

Meinen Guru zu töten meint, die Lehrer von denen wir meinen, sie hätten etwas, was wir nicht haben, von ihrem Sockel herunterzuholen. Wir haben sie selbst dort hinaufgestellt, haben sie im künstlichen Scheinwerferlicht der Perfektion gebadet und ihre Menschlichkeit verkannt. Sie zu töten heißt, die Illusion von Perfektion und Reinheit hinter uns zu lassen, die uns den Blick auf uns selbst manchmal unerträglich macht. Von nun an müssen wir unseren Weg selber gehen, inmitten der menschlichen Unwägbarkeiten, inmitten manch falscher Entscheidungen, inmitten von Schmerz und Überschwang.

Letztlich müssen wir auch Gott töten. Gott ist hier als die große Vorstellung gemeint, welche die Wirklichkeit überdeckt. Schon Meister Eckhart, ein deutscher Mystiker des 13. Jahrhunderts sagte: „Ich bete jeden Tag zu Gott, dass er mich von Gott befreien möge!" Auch im Zen-Buddhismus gibt es eine ähnliche Aussage: „Triffst du den Buddha unterwegs, töte ihn!"

Was wir hier töten, sind unsere Bilder, unsere Vorstellungen, die wir uns von etwas machen, das unaussprechlich, nicht zu beschreiben ist. Das Sein des Kosmos, der Urgrund, der alles durchdringt, ist größer und geheimnisvoller als unser Denken fassen und unsere Sprache vermitteln kann. Genau wie wir uns selbst mit einer Definition kleiner machen als wir sind, reduzieren wir auch das Mysterium des Lebens auf eine viel zu kleine, viel zu einfache Beschreibung.

Gott ist das, was dem inneren Erschüttert-Werden durch die Weite des Raums entgegensteht. Die Erklärungsformel „Gott" hält alles zusammen, verschnürt alles zu einem kleinen Päckchen, welches wir eben noch handhaben können. Entfernen wir diese Formel, hat die Weite des Raums die Möglichkeit wirklich in uns einzubrechen, uns aufzubrechen und uns mit der Erfahrung der Heiligkeit des Kosmos zu füllen.

Ich bin. Ich bin hier. Ich atme, ich liebe. Das sind die Fakten. Es gibt keine Beschreibung meiner selbst, die auch nur eine gewisse Tiefe hat und die über diese schlichten Worte hinausgeht.

Das Universum ist. Es breitet sich aus, es entfaltet sich immer mehr. Es wächst und wandelt sich. Es ist im Diesseits gegenwärtig und alle jenseitigen Erklärungen für seine Herkunft, seinen Sinn oder gar seine Bestimmung verstellen nur den Blick auf das Wunder.

So wie ich dem Universum keine Maske überziehen kann, die z.B. meinen Bedürfnissen nach väterlicher Zuneigung entspricht, kann auch ich nicht länger eine Maske präsentieren, die die Vielfalt meiner Erfahrung auf eine Begrifflichkeit reduziert. Ich kann weder Christ sein, noch Buddhist, Moslem, Hindu oder was immer Ihnen einfallen mag. Das sind nur Abzeichen, die wir auf unsere Stirn kleben und die im Grunde nichts anderes bedeuten, als dass unser Ego ein neues Hobby gefunden hat: Es nennt sich jetzt Christ, Moslem, Hindu, Satanist etc.

Ebenso ist der Begriff „Gott“ nur ein schlecht sitzender Aufkleber auf dem Universum, der mehr über uns aussagt als über das Universum.

Ich bin, der ich bin und der ich werde. Das Universum ist das, was es ist und was es wird. Wir beide erproben uns, wachsen und staunen über das, was in diesem Prozess geschieht.

Übung: Meditation des Ich bin

Setzen Sie sich bequem aber möglichst aufrecht auf einen Stuhl oder auf ein Meditationskissen. Schließen Sie sanft die Augen und atmen Sie dreimal tief ein und aus. Verfolgen Sie nun Ihren Atem, lassen Sie Ihre ganze Aufmerksamkeit auf dem Atem ruhen. Ganz von allein geschieht der Atem, er kommt und geht, ohne dass Sie ihn kontrollieren oder forcieren müssten.

Entspannen Sie nach und nach jeden Bereich Ihres Körpers: Ihre Füße, Ihre Beine, Ihr Becken, Ihren unteren Rücken, Ihren oberen Rücken, Ihre Schultern. Entspannen Sie Ihren Bauch, lassen Sie ihn ganz weich werden. Entspannen Sie Ihre Brust, Ihre Arme und Hände, Ihre Kehle, Ihr Gesicht, Ihre Stirn.

Verbinden Sie nun Ihren Geist mit zwei Worten, die Sie im Rhythmus Ihres Atems sagen bzw. denken. Wenn Sie einatmen, sagen Sie innerlich „Ich“. Wenn Sie ausatmen, sagen Sie innerlich „bin“. Einatmend „Ich“, ausatmend „bin“. Lassen Sie die Worte auf dem Atem schweben. Konzentrieren

Sie sich nicht zu sehr. Fahren Sie für eine Weile mit dieser Übung fort.

Irgendwann werden die Worte vielleicht leiser oder verschwinden ganz. Vielleicht tauchen dann andere Gedanken auf. Kommen Sie dann ganz leicht zu den beiden Worten „Ich bin" zurück. Sinken Sie in die Worte hinein. Spüren Sie, dass diese beiden Worte ausreichen, um Ihre jetzige Erfahrung zu beschreiben. Ich bin – mein Dasein hält alle Möglichkeiten bereit, ist mit dem offenen Raum verbunden. Ich bin – offener Raum. Ich bin.

Entscheiden Sie selbst, wie lange Sie diese Übung machen. Es gibt hierbei keinen anderen Maßstab als Ihre eigene Erfahrung.

Der Weg des bloßen Mensch-Seins, des Wanderers, ist ein offener Weg der Möglichkeiten. Er führt mich zur Einsicht des *Ich bin* und des *Es ist.* In dieses Mysterium kann man tiefer und tiefer hineinsinken, es gibt auf diesem Weg kein Ziel. Man wagt sich immer weiter ins Geheimnis des Seins vor. In der (begrifflichen) Leere dieses Seins dehnt sich der Raum meines wahren Selbst immer weiter aus. Ohne die Notwendigkeit der Eigen-Definition entsteht eine unermessliche Weite, die auch die Weite des anderen ehrt und schätzt. Wenn wir unser Ego, unseren Vater, unseren Guru und Gott getötet haben, sind wir spirituell zu einem Nichts geworden, in dem der Kosmos Platz hat. Das Nichts, welches die Abwesenheit von definierenden Begrifflichkeiten ist, bietet allen Möglichkeiten des inneren Wachstums Raum.

Nichts
(Entfaltungsgeschichte Teil 2)

Das Nichts hat keine Mitte,
und seine Grenzen sind das Nichts.
Unter den großen Dingen, die unter uns zu finden sind,
ist das Sein des Nichts das Größte.
Leonardo da Vinci

Gab es jemals nichts? Was war vor dem Anfang, vor dem Urknall? Bemerkenswert ist sicher, dass es „davor" nichts gegeben haben kann, weil Zeit erst mit dem Raum, also mit der Existenz von etwas begann. Doch wenn wir ehrlich sind, müssen wir zugeben, dass diese Antwort nur eine rhetorische Spitzfindigkeit darstellt und nicht wirklich als Antwort gelten kann. Die Herkunft des Universums, die Herkunft von Etwas im Unterschied zum Nichts, kennt niemand. Schon Leibniz fragte: „Warum ist überhaupt Seiendes und nicht vielmehr Nichts?" Eine wirkliche Antwort hat er nicht erhalten.

Offenbar ist unser Kosmos aus dem Nichts hervorgegangen. Doch wie kann aus Nichts etwas werden? Wie kann sich das Nichts, was doch eindeutig nicht etwas ist, in etwas anderes verwandeln? Diese Fragen sind wie japanische Koans, die der Zen-Übende nutzt, um sein Denken zu stoppen und in den Bereich des reinen Gewahrseins einzudringen.

Auch diese Fragen benötigen den Mut zum Nicht-Wissen. Sie führen uns auf unserer kosmischen Wanderung durch das Wunder des Seins und deuten auf das zugrundeliegende Mysterium, in das wir nur ohne ausformulierte Antworten zu erwarten eintauchen können. Wir müssen nicht wie die Kreationisten folgern, dass die Tatsache, dass die Wissenschaft keine Antworten auf diese Fragen hat, automatisch die Richtigkeit eines bronzezeitlichen Schöpfungsmythos beweist. Gläubige Menschen haben zumeist Angst vor dem Nichts. Selbst die Ziffer „Null" wurde von den Christen als

„heidnisch“ bezeichnet und für lange Zeit verboten, was einer Entwicklung der Mathematik im Abendland nicht unbedingt förderlich war[24].

Das Nichts ist ein Rätsel. Da wir etwas sind, können wir Nichts nicht denken. Das Nichts und wir sind einander so wesensfremd, unsere Sprache dazu so ungenügend (schließlich gibt es für das Nichts nicht ein Nicht-Wort, sondern ein Wort wie jedes andere, welches etwas beschreibt), dass wir über das Nichts keine Aussagen treffen können. Selbst wenn ich jetzt 42 Seiten leer lassen würde, um eine Verbindung zwischen dem Nichts und dem von Douglas Adams in „Per Anhalter durch die Galaxis“ postulierten Sinn des Lebens aufzuzeigen, hätten Sie immer noch ein Buch in Ihren Händen und sähen immer noch Papier (wenn auch dankenswerter Weise mal ohne Buchstaben). Vielleicht hilft es, wenn Sie sich vorstellen, dass das Papier dieser Seiten aus einer Ansammlung von Elektronen besteht, die mit unglaublicher Geschwindigkeit durch die Leerheit im Inneren eines Atoms herumrasen, wobei diese Leerheit maßstabsgetreu verglichen, ebenso groß ist, wie der Raum zwischen den einzelnen Planeten unseres Sonnensystems. Dasselbe gilt natürlich auch für die elementare Zusammensetzung Ihrer Hände, die dieses Buch halten. Zum größten Teil bestehen Sie aus Nichts. Auch der größte Teil des Universums besteht aus Nichts. Und dieses Nichts wird immer größer, weil sich das Universum offenbar ausdehnt, die Galaxien dabei auseinander driften und folglich der leere Raum zunimmt.

Am Anfang war Nichts. Dennoch hat das kleine bisschen Materie, das kleine bisschen Etwas, die Oberhand über die Antimaterie behalten. Andernfalls wäre alles in sich zusammengefallen und wieder zu Nichts geworden. Erst war die Leere, dann kam das Etwas. Aus dem einen Etwas wurde ein Zweites. Aus diesem Zweiten wurden Vier, Acht, 16, 32 … und so weiter, letztlich Billionen und Billionen Etwas.

Das Eine folgt aus dem anderen und ist gleichzeitig begrenzt. Wenn etwas ist, kann daraus nicht etwas vollkommen anderes werden. Aus einer Raupe mag ein Schmetterling entstehen, aber beide sind Lebewesen auf molekularer Ebene. Es gibt nur eine „Sache“, aus der etwas ihr völlig wesensfremdes entstehen kann: Das Nichts, die Leere. Aus dem Nichts entsteht das wirklich gänzlich Entgegengesetzte: Etwas. Wie ist das möglich? Da die Leere nichts ist, hat sie auch keine immanenten Begrenzungen. Die

---

24 Ein weiteres Beispiel dafür, wie uns die Angst vor dem Ergebnis unserer eigenen Gedankengänge ausbremst und unsere Entwicklung behindert.

Leere ist offenbar das unendliche Potential, die allerreinste Möglichkeit. Wenn Nichts ist, ist alles möglich. Wenn Etwas ist, ist zumindest Nichts nicht möglich, denn es ist ja bereits Etwas. Alles, was ist, kommt aus diesem Bereich, der sich allen Worten entzieht. Wenn es doch wider Erwarten einen Gott geben sollte, dann müsste er das absolute Nichts sein, was wiederum die Frage aufwerfen würde, wie Etwas Nichts sein könnte und zu was genau wir dann beten sollten.

Finden Sie das verwirrend? Sehr gut! Verwirrung „knackt" das Denken und führt das Ego zu seiner eigenen Auflösung. Kosmologie ist das Koan, welches uns „hinter" die Fragen führen kann. Verwirrung zerstört alle bekannten Bilder und lässt den Geist mit – Sie ahnen es schon – NICHTS zurück. Und obwohl der Geist immer noch ist, ist er sich seiner eigenen Existenz nicht bewusst – der meditative Geist ist das Nichts, in dem sich ALLES entfalten und zeigen kann. Er ist Leere, in dem das Geschehen des Universums stattfindet. Der ins Nichts eingetauchte Geist bildet selbst den Urgrund für unendliches Potenzial. Ohne Glauben, ohne Dogma, ohne festgefahrene Überzeugungen ist der Geist reine Möglichkeit. Nichts befähigt uns zu Allem!

Die Vielfalt unserer Ideen gründet sich wie die Vielfalt des Universums in purer Offenheit. Das ist wahrer Anfänger-Geist, wie ihn uns das Universum vorgelebt hat (und weiter vorlebt) und wie uns die Kosmologie zeigen kann. Wir sollten wirklich schleunigst einen internationalen Feiertag für das Nichts einrichten…

Unsere eigene Geschichte erzählen – Ein Lob des Eklektizismus

Ein Eklektiker aber ist ein jeder, der aus dem, was ihn umgibt, aus dem, was sich um ihn ereignet, sich dasjenige aneignet, was seiner Natur gemäß ist.
Johann Wolfgang von Goethe

Aus dem Nichts kommend, sind wir selbst ein Anfang. Mit uns verwirklicht der Kosmos einen weiteren Aspekt seines Seins. Etwas Neues beginnt mit uns und wir fügen unser eigenes Kapitel dem großen Buch des Lebens hinzu. Wir können unsere eigene Geschichte erzählen, ohne uns einem institutionalisierten Kanon anpassen zu müssen. Wir schreiben mit unserem Kapitel nicht etwa Band 378 der Star-Wars-Saga und müssen deshalb auch nicht darauf achten, einem galaktischen George Lucas nicht auf die Füße zu treten. Unserer Fantasie sind kcine Grenzen gesetzt, denn es gibt keine „offizielle oder legitimierte oder autorisierte Version" eines menschlichen Lebens, deren Regeln wir uns unterwerfen müssten. Wir müssen die Geschichte unseres Lebens weder unserem Ego, noch unserem Vater (unserer ursprünglichen Tradition) oder unserem Guru/Lehrer, noch einer gottähnlichen Gestalt verkaufen. Wir müssen kein braver Junge oder ein braves Mädchen sein, der oder die es allen recht macht. Wir sind frei, unsere eigenen Erfahrungen zu machen, Dinge auszuprobieren und durch unsere Erfahrungen und wahren Erkenntnisse zu wachsen und uns zu verändern. Wir entscheiden selbst, wieviele Facetten wir dem unendlichen Juwel des Kosmos hinzufügen.

Dennoch sind vor uns schon andere Menschen gewesen, die ihre eigene Erfahrung gemacht und diese in Worte zu fassen versucht haben. Auch wenn wir keine Tradition übernehmen wollen, sind die Möglichkeiten zu lernen, schier endlos. Die Welt bietet sich uns in all ihrer Pracht dar, inklusive der Geistesgeschichte der Menschheit.

Wir müssen Jesus nicht folgen, wie es so oft von Gläubigen verlangt wird, aber wir können ihn ein Stück seines Weges begleiten und sehen, wohin uns das führt. Vielleicht hören wir uns seine Bergpredigt an, entdecken in ihr ein Kleinod spiritueller Literatur und nehmen uns einige seiner Ratschläge zu Herzen. Vielleicht schauen wir uns die Lilien auf dem Feld oder die Vögel des Himmels an und sehen danach unser eigenes Dasein mit anderen Augen. Dieser Ratschlag ist in sich wertvoll und verlangt keineswegs, dass wir, wenn wir ihn beherzigen, auch daran glauben müssen, dass Jesus von einer Jungfrau geboren wurde, dass er Gottes Sohn war und dass dieser ihn aufgrund unserer Sünde als Stellvertreter der Folter und einem schmählichen Tod auslieferte, den er nach drei Tagen im Grab überwand und wieder unter den Lebenden wandelte.

Wir müssen auch nicht dem Buddha folgen, sondern können von ihm vielleicht die Grundlagen der Meditation lernen und dann unserem eigenen Weg folgen. Vielleicht leuchtet uns auch seine Beschreibung der gegenseitigen Bedingtheit aller Phänomene ein und wir erkennen, dass wir keine Angst vor mangelnder Zugehörigkeit zur Welt haben brauchen. Wir können diese Dinge von ihm lernen ohne an die Reinkarnation oder andere kulturell geprägte Überbauten des Buddhismus zu glauben.

Ein gläubiger Mensch, der seiner Tradition mit Leib und Leben verfallen ist, wird uns in diesen Fällen immer den Vorwurf des Eklektizismus machen und diesen so deuten, dass er nur eine unoriginelle Zusammenführung von Gedankenelementen sei. Er wird sagen, wir suchen uns nur die Rosinen aus dem Kuchen, den man aber ganz essen müsse. Gläubige haben nun einmal in vielen Dingen diese „Alles oder Nichts"-Einstellung, und die scheinbar so seriösen Weltreligionen sind einfach nur diejenigen Sekten, die die höchsten Mitgliederzahlen haben und die diese Einstellung meist fördern. Was den meisten Gläubigen oft nicht bewusst ist, ist der eklektische Charakter ihrer eigenen Tradition.

Das Christentum ist zum großen Erstaunen vieler Gläubiger eben nicht vom Himmel gefallen, sondern hat sich aus Einflüssen von Judentum, ägyptischer[25] und griechischer[26] Mysterienkulte, Zoroastrismus[27], Manichäismus[28], Neuplatonismus[29] und europäischem Heidentum[30] gebildet.

Der Chan-Buddhismus ist aus der Begegnung des indischen Buddhismus mit dem chinesischen Taoismus entstanden und bei seiner weiteren Verbreitung nach Osten zum japanischen Zen geworden. In Tibet verband sich der Buddhismus mit der dort zuvor herrschenden Bön-Religion, die größtenteils schamanisch geprägt ist, zum speziellen Vajrayana-Buddhismus. Sind beim Christentum und dem Buddhismus diese Einflüsse langsam eingesickert und gewachsen, gibt es auch Religionen, die ganz bewusst Neuschöpfungen sind. Der Sikhismus wurde beispielsweise von Guru Nanak (1469 – 1539) als monotheistische Synthese von Hinduismus und Islam erschaffen. Ebenso ist der Wicca-Kult, der sich gern als „älteste Religion der Welt" bezeichnet, eine Mixtur verschiedener antiker Mysterienkulte, die in den 1950er Jahren von Gerald Gardner kunstfertig zusammengefügt wurde. Und in unseren Tagen entsteht gerade in der heidnischen Szene, basierend auf der Arbeit von Philip Carr-Gomm, eine Synthese aus Wicca und Druidentum, die sich Druidcraft[31] nennt. All diese Entwicklungen zeigen nur, dass die Bedürfnisse der Menschen sich auch im spirituellen Bereich ändern und die Religionen im besten Fall auf diese Veränderung reagieren. An diesem Eklektizismus ist nichts schlechtes, er zeigt sogar etwas überaus Wertvolles: Alle Religionen und spirituellen Wege sind vorläufige Konstrukte, die der Veränderung unterworfen sind. Nirgendwo findet man das eine, unveränderliche Wort Gottes. Das ist eine

25 Eine Auferstehung nach drei Tagen erfährt schon Osiris.

26 Der Mithraskult kennt ebenfalls eine Heilige Mahlzeit mit Brot und Wein als Fleisch und Blut des Gottes.

27 Zarathustra gilt als Jungfrauengeburt, ebenso ist er nach seinem Tod auferstanden und in den Himmel aufgefahren. Am Ende der Zeiten wird in einem Endkampf das Böse vernichtet und für die Guten ein Paradies bereitet.

28 Hier vor allem durch den Kirchenvater Augustinus, dem wir auch so furchtbare Hirngespinste wie die Erbsünde und eine eigens für ungetauft gestorbene Kinder vorgesehene Vorhölle verdanken.

29 Die späten Kirchenväter waren allesamt neuplatonisch gebildet.

30 Man denke nur an den Weihnachtsbaum, das Datum der angeblichen Geburt Jesu (welches eigentlich die heidnische Wintersonnenwende ist), das Osterei und die Hälfte der irischen Heiligen, die vormals keltische Gottheiten waren.

31 Siehe das *Druidcraft* Buch von Philip Carr-Gomm, Aurum Verlag, Bielefeld 2010.

wirklich gute Nachricht. Nicht unbedingt für die dogmatisch Gläubigen, aber für alle anderen.

Wir müssen heute neue Wege finden, wobei wir vielleicht gewisse Dinge aus alten Traditionen aufgreifen können, diese aber nicht zu kopieren brauchen. Nicht alles in alten Traditionen ist schlecht, aber uns sollte ebenso bewusst sein, dass nicht alles in alten Traditionen gut ist. Die Tatsache, dass etwas althergebracht ist, sagt noch lange nichts über den Wahrheitsgehalt des Überlieferten aus, ebenso wenig darüber, ob es sich in unserem Leben als hilfreich oder nicht erweisen kann. Manche Menschen erstarren förmlich, wenn sie hören, dass die Rede von einer sogenannten „altehrwürdigen" Tradition ist – ihr Geist schaltet sofort in einen Modus, der jedwede Kritik unterdrückt. Viele unserer Vorstellungen über alte Traditionen entspringen einerseits einem falschen Respekt, andererseits unserem romantisierenden Wunschdenken (über eine bestimmte Religion, eine bestimmte Epoche, eine bestimmte Gegend der Erde etc.).

Weder sind naturreligiöse Menschen vergangener Zeiten den ganzen Tag fröhlich singend durch einen sonnendurchfluteten Wald gehüpft, noch haben Christen die Nächstenliebe erfunden und sind allen anderen Menschen entsprechend begegnet. Weder stimmen unsere Karl-May-induzierten Bilder vom „edlen Wilden", der alles so viel besser macht als der westliche moderne Mensch, noch ist in Indien alles spirituell und der Materialismus eine unbekannte Größe.

Aberglaube, Umweltzerstörung, Fremdenhass, Ignoranz, Frauenfeindlichkeit und Homophobie gab und gibt es in allen Traditionen. Und in allen Traditionen werden diese unsinnigen Vorstellungen weitergetragen und mit sogenannten heiligen Schriften, heiligen Überlieferungen, den Werten des Stammes oder angeblich göttlich inspirierten Geboten und Verboten gerechtfertigt.

Es gibt keinen Grund, solche Dinge zu übernehmen. Keine Vernunft der modernen Welt muss sich 3.000 Jahre alten Ethikregeln eines nomadischen Wüstenvolkes unterordnen, das aus Angst um seine fragile Männlichkeit Frauen alle Rechte verweigerte. Ebenso ist es unnötig, sinnfreie Ernährungsregeln aus Ländern mit fragwürdigen Hygienebedingungen zu übernehmen, um auf dem spirituellen Weg „voranzukommen". Wir sollten diese Dinge anschauen, ihre Herkunft und ihre teils verheerende Wirkung tief verstehen, sie dem Teil unserer Bibliothek mit historischen Obskuritäten zuordnen und dann lächelnd weiterziehen.

Wir müssen lernen, uns selbst zu vertrauen und zwischen spiritueller Weisheit und betagtem Aberglaube unterscheiden. „Was hab' ich mit der Heiligkeit der Tradition zu tun, wenn ich ganz nach den Geboten meines Innern lebe?", fragt Ralph Waldo Emerson in seinem großartigen Essay „Selbständigkeit"[32]. Wir können nicht mehr tun, als diesen „Geboten des Innern" zu folgen, unsere Menschlichkeit zu leben, unseren Wissensdurst immer wieder von Neuem zu stillen, in Verbindung mit der uns umgebenden Welt zu treten, zu lieben und unsere Sehnsucht nach menschlicher Nähe, Frieden, Stille und Gerechtigkeit auszudrücken. In späteren Jahrhunderten wird man unsere Gedanken und Taten wahrscheinlich anders beurteilen, als wir sie selbst jetzt verstehen, aber wir werden nach bestem Wissen und Gewissen gehandelt haben, nach den Geboten, die wir in unserem eigenen Herzen und mit unserem eigenen Fragen und Forschen entdeckt haben. Die Einflüsse, die aus allen Ecken und Enden der Welt dabei auf uns wirken, sind zahlreich, doch unser meditatives SEHEN lässt uns erkennen, was wir weiterhin auf uns wirken lassen wollen und was wir hinter uns lassen.

Unsere Zeit ist prädestiniert für diese Art der eigenen Sinnstiftung in Form eines spirituellen Eklektizismus. Philip Carr-Gomm, den ich schon erwähnte, fasste dies einmal in einem Interview treffend zusammen. Er sagte, dass wir heute in spiritueller Hinsicht nicht mehr im Restaurant sitzen, wo wir alles fertig zubereitet vorgesetzt bekommen, sondern dass wir selbst in der Küche stehen, die verschiedenen Zutaten vor uns ausgebreitet, und dass es an uns ist, ein schmackhaftes Mahl zu kochen.

Es gibt keine „reine Lehre", sondern wir selbst, unsere individuellen Bedürfnisse, Fähigkeiten und Talente, unsere ureigene Sehnsucht und unsere Erfahrungen mischen sich mit den Erkenntnissen unserer Vorfahren zu neuen Wegen. Unser Leben macht die unterschiedlichen Pfade, auf denen Menschen heute gehen, lebendig.

„Lebendig" ist das Stichwort. Eine eklektische Spiritualität wählt aus bereits Vorhandenem das aus, was ihrem eigenen Wachstum zuträglich ist und macht daraus etwas Neues, welches sie mit Leben füllt. Hier muss kei-

---

32 In neueren Ausgaben seiner Werke auch manchmal mit „Selbstvertrauen" betitelt.

ne staubtrockene Philosophie entstehen, sondern hier können farbenprächtige Mosaikfenster gebaut werden, die das Licht des Kosmos auf ganz eigene Art filtern und erkennbar machen. Die Tatsache, dass wir aus dem Nichts kommen und auch unseren Geist in die Leere des Raumes versenken können, befähigt uns, uns der Welt und ihren Erscheinungen mit ganz neuen Augen zu nähern. Wir sehen die einzelnen Stränge der Weisheit in unserer Welt ebenso wie ihre Verfälschungen und die Versuche, sie zu verbergen. Befreit vom Dogma können wir unterscheiden, das eine annehmen, das andere verwerfen und daraus, verquickt mit unserer eigenen Erfahrung des Mysteriums eine neue Geschichte erzählen. Unsere eigene Geschichte. Unsere eigene Heldenreise durch das Universum.

Wir können aus der Wissenschaft lernen und faszinierende Fakten über die Welt, in der wir leben sammeln. Wir können aus der manchmal verblüffend aktuellen Psychologie der Mythen lernen und uns selbst besser verstehen. Wir können uns unterschiedliche spirituelle Praktiken anschauen, sie ausprobieren und diejenige in unseren Tagesablauf einfügen, die uns selbst die größtmögliche Selbsterkenntnis und größtmögliche Freiheit bietet. Wir können uns darüber informieren, wie Menschen vergangener Zeiten ihre Welt und ihren Platz darin wahrgenommen haben und dadurch unseren derzeitigen Aufenthaltsort auf unserer Reise näher bestimmen, wobei wir zwischen dem Essenziellen und dem Ballast der Geschichte unterscheiden lernen.

Wir können eine Kosmologie entwickeln, die unserem modernen, aufgeklärten Geist wie unseren spirituellen Bedürfnissen gerecht wird.

Übung: Die Landkarte der eigenen Einflüsse

Besorgen sie sich ein großes Blatt Papier, DIN A3 oder größer. Dazu ein paar Stifte, möglichst unterschiedlicher Farbe. Schreiben Sie in die Mitte dieses Blattes das Wort „Ich" und beginnen Sie dann, darum herum die Einflüsse anzuordnen, die auf Sie gewirkt haben. Schreiben Sie alles auf, was wichtig für Sie war und versuchen Sie sich zu erinnern, was genau dazu geführt hat, dass Sie an manchen Punkten Ihres Lebens die Welt plötzlich mit anderen Augen gesehen haben. War es der erzieherische Einfluss Ihrer Eltern, ein Lehrer, von dem eine inspirierende Kraft ausging oder ein Autor, dessen Gesamtwerk Sie verschlungen haben? War es eine Religion, der Sie lange Zeit angehörten oder eine Philosophie, die Sie nachhaltig beeindruckt hat? Schreiben Sie alles im Kreis um ihr „Ich“ herum. Dann beginnen Sie zu überlegen, welche allgemeine Geistesströmung Ihren direkten Einflussgeber inspiriert hat. War der besagte Lehrer Marxist? Waren Ihre Eltern Anthroposophen? War der Autor, dessen Bücher Sie so sehr liebten oder immer noch lieben, ein Anhänger einer der Weltreligionen? War er Physiker, Biologe oder Kapitän auf einem Fischtrawler, den das Meer alles gelehrt hat, was er schrieb? Sehen Sie die Verknüpfungen zwischen den Einflüssen, sehen Sie, was alles auf Sie gewirkt hat und schreiben Sie es auf oder stellen Sie es anderweitig dar (Fotos, Zeichnungen, Symbole). Lassen Sie sich Zeit mit dieser Übung. Vielleicht müssen Sie ein Blatt an das bereits vollgeschriebene Exemplar anheften, um alles unterzubekommen, vielleicht müssen Sie ein paar Stunden oder auch Tage Pause machen, um sich dann neu klar zu werden, was Sie alles beeinflusst hat und es dann aufschreiben.

Wenn Sie das Gefühl haben, fertig zu sein, schauen Sie sich das Blatt aufmerksam an. Sehen Sie das Netz an Einflüssen, das zu Ihrem „Ich“ geführt hat. Überdenken Sie nochmal, was an diesen Einflüssen weiterhin wertvoll ist und was Sie aufgrund Ihres heutigen Wissens und Ihres heutigen Entwicklungsstands nicht mehr benötigen. Streichen Sie alle diese Elemente und schauen Sie, was übrig bleibt. Versuchen Sie sich vorzustellen, wie Ihre Reise weiter geht. Versuchen Sie dieses Blatt als Startpunkt zu verstehen, als Jetzt, von dem aus Sie sich in die Zukunft bewegen. Nehmen Sie ein weiteres Blatt Papier und geben Sie ihm die Überschrift „Elemente meiner Kosmologie“. Übertragen Sie Ihre Startpunkte des anderen Blattes, formulieren Sie sie gegebenenfalls um und entwerfen Sie die theoretischen Eckpfeiler Ihrer Weltsicht. Notieren Sie sich auch Bücher oder andere Medien, die die von Ihnen erwähnten Punkte vertiefen könnten (eine Liste mit Vorschlägen finden Sie am Ende dieses Buches) und nehmen Sie sich vor auf eigene Faust zu forschen. Bewahren Sie dieses Blatt gut auf und ergänzen bzw. verändern Sie es von Zeit zu Zeit, wenn Ihnen neue Phänomene auf Ihrer Lebensreise durch dieses lebendige Universum begegnen. Erzählen Sie Ihre eigene Geschichte! Staunen Sie über Ihre Reise und über die Möglichkeiten, die Ihr Geist bereithält.

Ihre ureigene Geschichte ist zu wertvoll, um nicht erzählt zu werden. Die Bilder, die Sie mit Ihrem Leben malen, sind zu bunt und zu schön, um sie verschämt im Keller zu verstauen. Sie haben gesehen, dass es reicht „Ich bin" zu sagen, ohne die Notwendigkeit eines erklärenden Zusatzes. Sie haben Ihren Ursprung im Nichts gesehen und welche unendlichen Möglichkeiten sich aus dieser Tatsache ergeben. Sie haben auch Ihre eigenen Einflüsse sichtbar gemacht und erkannt, dass Sie mit Geistesströmungen verbunden sind, die Generationen vor Ihnen begonnen haben und die sie dennoch nicht erdrücken, Ihren bedingungslosen Glauben einfordern oder anderweitig unfrei machen, sondern zum eigenen Forschen auffordern und darum bitten, Ihren Anteil am Mosaik hinzuzufügen. Sie sehen deutlich, dass Sie eine Facette des Kosmos sind, der sich selbst erkennt und über sich staunt. Sie ahnen, dass Ihr innerer Raum ebenso unendlich ist, wie der Raum des Kosmos, dass die offene Weite Ihres aus dem Nichts ins Sein explodierten Wesens ALLES beinhaltet.

Lassen Sie uns nun im nächsten Kapitel beobachten, wie vielfältig Ihre eigene Innenwelt wirklich ist und mit Hilfe welcher Bilder sich diese Innenwelt sowohl beschreiben als auch weiterentwickeln lässt.

Die Archetypen des Kosmos

Archetypen steigen nicht auf, um uns zu unterhalten,
sondern um uns in unseren Handlungen zu leiten.
Und nur im Handeln können wir einen Archetyp vollständig erkennen.
Matthew Fox

Die Qualitäten des Kosmos – die Vielfalt, die Verlockung, die Anziehungskraft, die Hingabe, das Staunen, das Ausprobieren, die Neugier, das Wachsen, das Werden und unendlich viel mehr – sind genau wie die Elemente des Kosmos auch in Ihnen gegenwärtig. Manchmal können wir diese Qualitäten nicht in uns wahrnehmen, manchmal brauchen wir andere Bilder, die uns spiegeln und die tief in uns verborgene Dinge sichtbar machen. Bilder sind offen und versuchen nicht, das kleine Stückchen der Wahrheit, welches wir unter Umständen gefunden haben, zu organisieren, wie die Religionen es tun. Bilder sind kein geschlossenes System, sondern lassen weite Interpretationsmöglichkeiten bestehen. Wir sind in diesem Buch schon dem Wanderer[33] begegnet, dessen Reise, die Schritt für Schritt abläuft ohne sich auf das Ziel zu fixieren und somit die Freiheit seiner Beweglichkeit zu verlieren, ein Sinnbild unserer Lebensreise ist. Dieser Wanderer ist ein Archetyp des Kosmos, das Unterwegssein-und-dabei-Wachsen ist ein Bild, was uns etwas über uns selbst erzählen kann. So wie diesen Archetyp gibt es noch weitere, die ich hier gern kurz vorstellen möchte. Hier geht es nicht darum, ein Ideal aufzustellen, sondern Bilder zu zeigen, von denen wir manche Aspekte auch in uns entdecken und gegebenenfalls weiterentwickeln können.

33 Bevor jemand einen moralinsauren Herzinfarkt bekommt: Ja, natürlich meint der Wanderer und alle weiteren Archetypen, die ich aus Gründen der Lesbarkeit maskulin darstelle, immer auch die weibliche Form. Eigentlich denke ich, dass sollte aus dem Gesamttext erkennbar sein, aber man weiß ja nie…

Der Liebhaber des Kosmos

Der Liebhaber erliegt der Verlockung des Kosmos. Die Schönheit der Naturerscheinungen hat ihn in Bann geschlagen, sein Blick saugt die Phänomene – Bäume, Tiere, Gebirge und die Ringe des Saturns – in sein Herz. Er lässt sich ganz erfüllen, ganz durchdringen. Die Grenze zwischen ihm und der Welt ist in seinem Schauen und Staunen aufgelöst, er befindet sich in ständiger Kontemplation der Schönheit. Die kleine grüne Raupe, die im Sommer über seinen Arm kriecht, fasziniert ihn ebenso wie der nächtliche Sternenhimmel. Das Herz des Liebhabers ist bewegt – Mitgefühl für alle Wesen treibt ihn an. Die Energie, die die Verlockung des Kosmos in ihm weckt, verlangt nach Ausdruck. Lieder, Gemälde, Zeichnungen, Gedichte und Prosatexte strömen aus ihm hervor, sprechen von der Beziehung von Innenwelt und Außenwelt. Der Liebhaber wird von der Schönheit verzaubert und lebendig gemacht. Sie füllt sein Inneres und drängt nach außen – aus seiner Mitte entspringt ein Fluss, der sich mit dem Fluss des Universums vereinigen will. Der Liebhaber ist kreativ und fruchtbar, genauso wie es auch der Kosmos ist. Seine Verse und Bilder überraschen ihn oft selbst, er tritt hinter seinem Werk zurück und lässt das Universum durch sich sprechen. Die Liebe befähigt ihn, sich dem größeren Ganzen zu öffnen, Hingabe sprengt die Grenzen seines Ego und der wirklich transformativen Kraft der spirituellen Erfahrung des Kosmos steht nichts mehr im Weg.

Der heilige Narr des Kosmos

Wirkliche Liebe lässt uns in den Augen der Welt zu Narren werden. Mystiker waren im Rahmen ihrer Zeit und Gesellschaftsform oft heilige Narren, wurden für verrückt erklärt, sahen sich immer wieder Angriffen gegenüber. Auch heute wird ein offenes Herz oft belächelt, manchmal solange bis es sich verschließt, um sich zu schützen. Doch als Narr zu gelten, kann ein großer Gewinn für uns sein…

Der Narr trägt vielleicht eine klingelnde Mütze und ein lächerliches Gewand – dennoch ist er der Einzige am Hof, der in Wirklichkeit keine Maske trägt. Er ist der Einzige, der nicht eine gesellschaftliche Stellung zu wahren hat, der Einzige, der jenseits von Konventionen und unausgesprochenen Verhaltensregeln existieren kann, der Einzige, der frei ist, zu sagen, was er denkt. Die Menschen denken, er sei verkleidet, dabei ist er der Einzige, dem seine Verkleidung bewusst ist. Die Menschen denken, er sei verrückt, doch in Wirklichkeit ist er der Einzige, dem die Verrücktheit seiner

Welt bewusst ist. Der Narr ist frei zu lachen. Er ist fähig, die Absurdität seiner von Menschen gemachten Umwelt zu sehen, sie tief zu verstehen. Er muss sie nicht leugnen, er muss sich nicht trösten, er muss sich nicht anpassen. Er kann seinen Weg gehen – und das Klingeln seiner Mütze erinnert ihn immer wieder daran, seine eigene Sicht der Dinge nicht allzu ernst zu nehmen. Der Narr sieht die Möglichkeiten, das Potential in allem, was ist, was wird, was wächst. Er sieht, wie der Kosmos sich entfaltet und wie sein Herz sich ebenso entfaltet. Der Narr ist der Aspekt des reifen Wanderers, der nicht die geringste Ahnung hat, wohin der Weg führen wird – und dem diese Tatsache absolut gleichgültig ist. Er ist derjenige, der sich voller Vertrauen dem freien Fall ins Sein überlässt. Sein Lachen schenkt uns die Flügel, die uns über Schwierigkeiten und Herausforderungen hinwegtragen.

Der Grüne Mann des Kosmos

Aus den Tiefen unserer Geschichte, aus den Tiefen der fruchtbaren Erde, aus den Tiefen unserer Seelenwelt erhebt sich heute eine Gestalt, die man schon längst vergessen glaubte: Der Grüne Mann schaut uns mit seinem wilden Gesicht aus grünen Blättern, aus Ranken und Flechten an. Seine Augen durchdringen uns und die Wirrnisse unserer Welt – und ich stelle mir vor, wie er mit dem Kopf schüttelt und leise seufzt.

Es wird höchste Zeit, dass wir seinem Blick begegnen und seine Weisheit in uns aufnehmen, die er in großer Fülle besitzt und gerne teilt.

Jahrhundertelang existierte er oft nur als Schmuckbild in christlichen Kirchen, die ihn gern als Besiegten darstellten. Diese Bilder sind Ausdruck eines Geistes, der alles Natürliche, Kreatürliche, Fruchtbare, Wachsende, Sexuelle und Kreative zu beherrschen suchte.

Doch der Grüne Mann war geduldig. Letztlich kann auch der geistige Asphalt der Verbohrten nicht der lebendigen Kraft der Natur standhalten. Der Grüne Mann bricht an die Oberfläche unseres Bewusstseins und zeigt uns einen Weg, wieder in Einklang mit der Natur und dem Kosmos zu leben.

Schauen wir uns unsere Welt an, wird uns bewusst, dass nichts so aktuell ist, wie diese grüne Gestalt aus vergangenen Zeiten. Wenn unsere Wälder schrumpfen und Tierarten für immer verschwinden, ist es mehr als nötig, wieder den Grünen Mann zu ehren und dessen lebenspendende Kraft in unseren Herzen zu spüren.

Die Spiritualität, die der Grüne Mann vermittelt, ist wahrhaftig mitten unter uns und auf das Diesseits unserer Erfahrung bezogen. Dem Grünen Mann geht es nicht um einen weit entfernten Gott, der in einem jenseitigen Reich weilt, sondern um das Erleben der Heiligkeit von Mutter Erde, die uns nährt und uns Heimat ist. Es ist eine Spiritualität, die das, was IST, verehrt und nicht das, was unserer Fantasie nach irgendwann einmal sein könnte. Der Grüne Mann zeigt uns, was es heißt, zu wachsen und fruchtbar zu sein. Er ist Sinnbild dessen, was Hildegard von Bingen die „Grünkraft" nannte – das, was uns lebendig macht, was uns heilt und heiligt.

Der Grüne Mann zeigt uns und unseren Kindern eine Zukunft, die keine Angst vor der Wildheit und der Wildnis hat. Er fordert uns auf, sowohl unsere innere als auch die äußere Wildnis zu erforschen, über sie voller Freude zu staunen, uns ergreifen zu lassen und das Wunder des Lebens in all seinen Facetten wertzuschätzen. Er zeigt uns, dass wir die Natur nicht *meistern*, sondern mit ihr *in Beziehung* stehen müssen. Der Grüne Mann ist lebendige, tatkräftige und liebende Weisheit, die bloßes technisches Wissen bei weitem übersteigt. Wenn wir unser Wissen für unsere Welt einsetzen wollen, dann brauchen wir diese Weisheit, die uns aus dem Gesicht des Grünen Mannes, aus dem Antlitz unserer Wälder entgegenstrahlt.

Der spirituelle Krieger des Kosmos

Wenn wir uns mit Archetypen beschäftigen, ihre Kraft spüren und diese in unser Leben einladen, damit sie uns und unsere Welt transformiert, stoßen wir irgendwann unweigerlich auf den spirituellen Krieger. Vielleicht erscheint uns der Begriff unpassend, vielleicht lehnen wir die kriegerische Energie grundsätzlich ab, weil wir denken, sie laufe unserer pazifistischen Ausrichtung entgegen, sei irgendwie anrüchig, ja „unspirituell". Doch wenn wir unsere Spiritualität in die Welt bringen und an der menschlichen Gemeinschaft positiv mitwirken wollen, dann benötigen wir dringend diese kriegerische Energie.

Die wertvollste Waffe des spirituellen Kriegers ist die Klarheit des Geistes, der weiß, wann er ruhen und wann er kämpfen muss. In dieser Klarheit liegt eine Stärke, die nicht blind um sich schlägt, wenn sie sich bedroht fühlt. Eine Stärke, die sich ihrer selbst bewusst ist, ein Fels in der Brandung des eigenen Gedankenkarussells wie auch in den Fluten und Wirren unserer modernen Welt.

Auf einem T-Shirt las ich: „Big dogs don't need to bark" - und das stimmt: Nur ein wirklicher Krieger kann wahrhaft friedlich sein.

Aus diesem inneren Frieden heraus kann er ganz bewusst und angstfrei auf Dinge und Geschehnisse reagieren. Er kann den Einsichten aus seiner Kontemplation in der Welt Ausdruck verleihen und zu ihnen stehen. Er weiß mit Bestimmtheit, dass er mit allem, was ist, verbunden ist und kann seinen Brüdern und Schwestern – ganz gleich, ob sie Haut, Fell, Federn oder grüne Blätter tragen – die Hand reichen.

Laut Matthew Fox, dem brillanten Vertreter einer freien und erdverbundenen Spiritualität, ist der Krieger „ein Mystiker in Aktion". Der wahre Krieger wird zu einem lebendigen Bild der mystischen Einheit, er denkt und handelt in Verbundenheit. Er liebt die Welt und all ihre Wesen, seine Rede legt in prophetischer Weise Zeugnis von der Wahrheit ab und er weiß das Schwert der Achtsamkeit zu nutzen, um die Dinge so zu SEHEN, wie sie sind.

Das alte Kriegertum machte sich die Erde untertan, weil es in der Tiefe von Angst vor dem Leben erfüllt war. Beherrschen muss ich jedoch nur das, was ich fürchte. Das neue spirituelle Kriegertum hat den Mut, sein Herz weit zu machen und an der Gemeinschaft des Lebens wahrhaft teilzuhaben. Es muss sich nicht hinter vermeintlicher Stärke verstecken, sondern kann im Kreis alles Lebendigen stark SEIN.

Der spirituelle Krieger ist im wahrsten Sinne des Wortes *be-seelt* und bringt diese Seele in seinen Augen, auf seiner Zunge und mit seinen Händen der Welt als Geschenk dar. Damit alle Wesen leben können. Jetzt und in Zukunft.

Der König des Kosmos

Der König des Kosmos kennt seinen Platz und weiß, dass er das Recht hat hier zu sein, genau wie alle anderen Wesen dieses Recht genießen. Er ist sich seiner eigenen Würde bewusst, die ihm als Teil des Kosmos zusteht. Gleichzeitig erkennt er die Würde in allen anderen Wesen und behandelt sie entsprechend. Seine Gesinnung ist von wahrem Adel, in ihr ist kein Platz für Hochmut oder das Gefühl, besser als andere zu sein.

Der wahre König herrscht nicht, sondern dient. Er kennt seine Gaben und Talente und setzt sie zum Wohle aller ein. Seine Worte sind wohlüberlegt und niemals verletzend. Er sieht die Stärke, die anderen innewohnt und fördert sie. Er braucht keine Bewunderer und niemandem, der ihm nach dem Mund redet. Der König sieht die Wesen als Facetten des Kosmos, die er nicht willkürlich wertet, sondern allesamt schätzt. Gerechtigkeit ist ihm ein großes Anliegen und die Kraft und Würde, die sich in ihm ausdrückt, ist Beispiel für andere.

Der Weise des Kosmos

Der Weise hat Wissen gesammelt, ist sich aber dessen Grenzen bewusst. Voller Neugier forscht er stets weiter, verändert seine Weltsicht mit neuen Erkenntnissen und kehrt immer wieder zum Anfänger-Geist, zum Nicht-Wissen zurück. Hier beginnt seine Weisheit immer wieder von Neuem und führt ihm vor Augen, dass er aus unendlich vielen Quellen lernen kann. Das Gelernte hat für den Weisen immer Konsequenzen, seine Weisheit zeigt sich in der klugen Anwendung seines Wissens. Wenn er gefragt wird, gibt er sein Wissen gerne weiter, doch er hat keinerlei Motivation andere von seinem Wissen zu überzeugen oder ihnen seine Meinung aufzudrängen. Er weiß, dass jedes Ding seine Zeit und seinen Ort hat. Seine Geduld ist groß, seine Meditation beständig. Er muss sich nicht mehr wie der Liebhaber mit dem Fluss des Universums vereinigen, denn er weiß, dass er von diesem Fluss niemals getrennt sein kann.

Dies waren nur einige Archetypen des Kosmos, deren Aspekte Sie auch in sich selbst entdecken können. Auch Sie können sich in diesen Kosmos verlieben und dieser Liebe auf die eine oder andere Weise Ausdruck verleihen. Auch Sie können lachend ihre Reise durch den Kosmos machen, ohne sich von Konventionen einschränken zu lassen. Sie können die Kraft des Lebens in unserer Mutter Erde spüren und der Wildnis in ihrem Inneren wie im Außen begegnen. Sie können Ihre eigene Kraft spüren und das scharfe Schwert eines klaren Geistes schmieden. Sie können Ihren Platz ohne jede Scham und ohne jedes abstruse Gefühl von Sünde einnehmen, Ihre natürliche Würde leben und Ihr Wissen weise anwenden.

Sie selbst können ein Wanderer sein, dessen Herz im Kosmos ruht und der mit jedem Schritt wächst und sich entfaltet.

Im Kreis dessen, was ist, wächst, wird und vergeht

Ich glaube, ein Grashalm ist nicht geringer
als das Tagwerk der Sterne auf ihren Bahnen.
Walt Whitman

Als Wanderer durchstreifen wir den Kosmos, unsere Schritte berühren die Erde und wir erkennen unsere Verbundenheit mit der Welt, die uns umgibt. Wir erkennen das Heilige, welches der Welt immanent ist und kümmern uns nicht allzu sehr um das Transzendente, von dem so viele Menschen reden und auf welches sie ihre Sehnsucht und ihre kreative Energie richten. Die Welt ist heilig genug, auch ohne Engel und Götter. Dies bedeutet jedoch keinesfalls eine bloße Reduktion auf das objektiv Feststellbare! Ebenso wie unsere Schritte den ihnen zugänglichen Teil des Kosmos durchstreifen, bewegen sich auch unsere Gedanken und Gefühle durch dieses Universum. Auch das subjektiv Empfundene spielt in unserem Weltbild eine wichtige Rolle. Im Unterschied zu den Religionen müssen wir dieses Subjektive jedoch niemandem als objektive Wahrheit verkaufen oder ihm aufnötigen.

Von einem bestimmten Anblick berührt zu werden, ist sicher weit mehr als objektive Beobachtung. Etwas in unserem Inneren gerät in Resonanz, es teilt das Wahrgenommene nicht in Einzelsegmente auf (wie wissenschaftliche Beobachtung meist funktioniert), sondern richtet seine Aufmerksamkeit auf eine Ganzheit des Erlebens, an dem sowohl alle Sinne als auch eine „seelische“[34] Komponente beteiligt sind.

34 „Seelisch“ ist hier bewusst in Anführungszeichen gesetzt, weil es nicht die Idee eines von Gott geschaffenen, unsterblichen Etwas transportieren, sondern lediglich auf eine numinose innere Erfahrung verweisen soll. Besser als „seelisch“ wäre wohl „das innere, wahre Selbst betreffend, welches sich von den Beschränkungen seines Ego gelöst hat“.

Unser Geist erfährt die Welt in inneren und äußeren Bildern, doch weder verwechseln wir diese miteinander noch verweigern wir uns neuen Erkenntnissen, die diese Bilder infrage stellen. Wanderer fürchten sich nicht vor den Geburtsschmerzen eines Paradigmenwechsels! Die Struktur unseres schrittweisen Erkennens macht diese Paradigmenwechsel einfach von Zeit zu Zeit nötig, um lebendig zu bleiben und nicht in einmal anerkannten Bildern festzuhängen. Wie alles in diesem Kosmos durchlebt auch der Mensch unterschiedliche Phasen eines zyklischen Prozesses. Er wird geboren, ist abhängig, löst sich aus Strukturen, rebelliert gegen Erstarrtes, sieht sich selbst in Übergängen und Schwellenerfahrungen erwachsen werden, wird selbständig, erkennt gegenseitige Bedingtheiten, wird ruhiger, öffnet und verschließt sich, blüht auf und siecht in Zeiten der geistigen Dürre dahin, erfährt Durchbrüche in die Freiheit, erlebt Wissen und Nicht-Wissen, löst Fragen und Rätsel, verliert sich in Unlösbarem, lächelt dem Mysterium zu, fällt und fliegt, findet die eigene Kraft und genießt den eigenen Weg, entspannt sich im Dasein, ist im Fluss, löst sich im Wasser auf und erreicht bzw. wird das unendliche Meer.

Mit anderen Worten: Der Mensch kommt zur Welt, wächst heran, ist verwirrt, wird durch Erlebnisse oder wenn er Glück hat durch erfahrene Mentoren initiiert, wird erwachsen, erfährt die Höhen und Tiefen dieses Lebens, streckt die Fühler seines Geistes in die Weite der Welt aus, öffnet sich immer mehr dem Leben, wird eins mit diesem Leben, wird alt, stirbt und wird etwas ganz anderes und doch in seiner Essenz ganz er selbst.

Sind wir wach und können all dies klar sehen, befinden wir uns ganz bewusst im Kreis des Lebens. Alles Lebendige folgt diesem Zyklus: In der Dunkelheit der längsten Nacht, im Uterus der Erde, wird das Potential von der ursprünglichen Inspiration erweckt und erblickt im Frühjahr als neues Leben das Licht der Welt. Viele Dinge müssen gelernt werden, um sich in der Welt zurechtzufinden und zu überleben, Wissen wird erlangt, während Fehler manchmal schmerzhaft das Lernen beflügeln. Verlockung und Anziehung lassen den Liebhaber des Kosmos erwachen, der seine Fruchtbarkeit in mannigfaltiger Weise zum Ausdruck bringt: Partnerschaften werden eingegangen, körperliche und geistige Kinder werden geboren. Reife lässt Weisheit entstehen, die kraftvoll in der Welt steht und im Alter Ruhe und Würde ausstrahlt. Der Tod schafft Platz für Neues, sowohl für den, der stirbt als auch für den, der weiter lebt.[35] Der Kosmos ist auf Entfaltung und Entwicklung angelegt. Ohne Veränderung und ohne Wachstum wäre alles längst in sich zusammengefallen, das Experiment Leben gescheitert.

Die Kreisform scheint die Grundstruktur des Lebens zu sein und bildet sich in Bildern wie dem Lauf der Sonne ab, die Aufgang, Höhepunkt und Untergang erlebt, wenn wir sie mit bloßen Augen von der Erde aus beobachten. Wir können dieses Bild von Geburt, Reife, Tod und Wiedergeburt der Sonne als etwas erfahren, was unsere Weisheit nährt und gleichzeitig wissen, dass wir die Bewegung der Sonne nur in dieser Weise wahrnehmen, weil die Rotation der Erde unseren Kontinent auf dem wir leben, der Sonne zu- und abwendet. Wir müssen das subjektive Empfinden nicht als objektive Wahrheit hinstellen und darauf beharren, dass die Sonne sich tatsächlich bewegt. Das meine ich, wenn ich sage, dass wir innere und äußere Bilder nicht miteinander verwechseln.

Alle Wesen auf unserem Planeten erfahren in der einen oder anderen Weise diese Kreisform des Daseins. Auch der ganze Planet ist auf einer kreisförmigen Reise, die ihn von einem brodelnden Schmelztiegel der Elemente zu einem farbenprächtigen Hort des Lebens gemacht hat und die ihn irgendwann wieder zur Auflösung führen wird. Unser Leben beschreibt also nicht nur individuell einen Kreis, sondern wir sind auch kollektiv auf solch einer Bahn.

Inmitten eines Kreises aus Leben, sind wir selbst ein lebendiger Kreis. Keiner dieser beiden Kreise ist in sich geschlossen, sondern beide sind ineinander verschränkt und offen für gegenseitige Beeinflussung.

Klimawandel, Naturzerstörung, außer Kontrolle geratene Atomreaktoren, Wald- und Artensterben – die Schreckensmeldungen unsere Umwelt betreffend sind zahlreich und betreffen immer auch uns ganz persönlich, auch wenn uns das manchmal nicht so vorkommen mag. Waldbrände in Kalifornien oder Australien scheinen weit entfernt zu sein, doch der Kreis des Lebens umfasst auch uns. Die Einflüsse von Katastrophen wie in Tschernobyl oder Fukushima können wir nie wirklich abschätzen, da die

---

35 Die Idee der Übereinstimmung von Lebensweg und Jahreskreis findet sich in vielen indigenen Traditionen wieder. Sowohl die Kelten als auch die Indianer Nordamerikas verwenden diese Bilder. Auch die meisten neuheidnischen Bewegungen teilen diese Auffassung.

gegenseitigen Bedingtheiten einfach viel zu komplex sind, um allesamt berechnet zu werden.

Wenn wir das Heilige in der Welt entdecken können, wenn wir es als allem immanent betrachten können, dann leben wir ganz bewusst in einem Kreis, aus dem nichts ausgeschlossen ist.

Wir müssen dann nicht mehr dem destruktiven Bibelwort „Füllet die Erde und machet sie euch untertan und herrschet“ (1.Mose 1, 28) folgen, sondern können einfach wie jedes andere Wesen am Leben teilhaben. Wir können den Kreis des Lebens als stimmig erkennen und wissen, dass auch das Alter und der Tod zu unserem Leben dazugehören. Wir haben keinen Bedarf nach Erlösung, weder aus dem vermeintlichen Jammertal herbeifantasierter Gottesferne, die nur eine Nebenwirkung eines herbeifantasierten Gottesbildes ist, noch nach einer Erlösung von unseren angeblichen Sünden, die uns die Vertreter der Religionen einreden wollen[36], noch nach einer Befreiung aus diesem weltlichen Leben oder dem Leid der Wiedergeburten. Wir können klar erkennen, dass die Grundhaltung einer Erlöserreligion dazu neigt, die Welt von der sie erlöst zu werden hofft, nicht wertzuschätzen und das Heilige des Jenseits dem Heiligen des Diesseits vorzuziehen. Menschen, die darüber sinnieren, wieviele Engel auf eine Nadelspitze passen, kümmern sich im Allgemeinen wenig darum, welche Aufgabe der brasilianische Urwald für das ökologische Gleichgewicht hat.[37] Eine diesseitige Spiritualität befindet sich jedoch *im* Kreis des Lebens und nicht außerhalb. Deshalb ist sie an ökologischen Fragen ebenso interessiert wie an Fragen, die das eigene Selbst und seine Entfaltung betreffen. Al-

---

36 Eine der größten und folgeschwersten Verzerrungen des menschlichen Daseins ist wohl die Idee der Erbsünde, die wir dem Kirchenvater Augustinus zu verdanken haben und die besagt, dass die Menschheit zum Schlechten prädestiniert und zur Verdammnis bestimmt sei. Augustinus‘ Gegner Pelagius, der aufzeigte, dass diese Lehre der von Gott gegebenen Willensfreiheit des Menschen und seinem göttlichen Ursprung als Teil der Schöpfung widersprach und darauf hinauslief, dem Bösen den gleichen Rang wie Gott einzuräumen, konnte sich innerhalb des Christentums leider nicht durchsetzen. Stellen Sie sich eine Parallelwelt vor, in der dieser sogenannte pelagianische Streit anders ausgegangen wäre, in der die Menschen glauben würden, dass alles, was Gott geschaffen habe, inklusive ihrer selbst GUT sei… Am Ausmaß Ihrer vorgestellten Andersartigkeit der Welt können Sie die Auswirkungen, die Weltbilder auf die tatsächliche Welt haben, sehr gut ablesen.

37 Ich gebe zu, diese Aussage ist etwas unfair gegenüber Thomas von Aquin, aber erstens kann er sich nicht mehr beschweren und zweitens ist dieser Satz leider allzu oft wahr!

les greift ineinander und wird wertgeschätzt. Der amerikanische Physiker Brian Swimme, der selbst indianische Vorfahren hat, weist nachdrücklich darauf hin, dass die Erkenntnis der Einheit allen Seins unser angestrebtes Ziel sein sollte: „Die irdische Gemeinschaft als Ganzes muss als unsere Heimat begriffen werden, als Mutterschoß von Schöpferkraft und Leben."

Dieser Mutterschoß als Ursprung des Kreises ist es, der uns und alles, was ist, wächst, wird und wieder vergeht, hervorbringt. In diesem Kreis begegnen sich Männer und Frauen gleichwertig, hier sind Kinder und Erwachsene auf Augenhöhe, hier sind Tiere, Pflanzen und Menschen als Teil eines lebendigen Entfaltungsprozesses gleich wichtig[38]. Hier ist der spirituelle Krieger gegenwärtig, der die Wildnis nicht beherrschen muss, wie die Zeitgenossen Moses', sondern der offenen Geistes über die Welt staunt.

In der Wildnis begegnet er dem Heiligen – atmend, fruchtbar, überbordend, voller Freude und von großzügiger Schönheit. Ein Kosmos voller Wunder – der Wald spricht von nichts anderem. Wenn wir schon ein Gebetbuch brauchen, sollte es grün sein und wachsen, erfüllt von fremdartigen Geräuschen und wilden, würzigen Gerüchen.

In der Natur herrscht wahres Leben, jeden Augenblick neu. Keine Spur von Sünde. Hier herrscht wahre Freude, wahre Ekstase, keiner Erlösung bedürftig.

Der Mutterschoß und der Kreis sind lebendig – und Leben kennt keine Trennung von Geist und Materie, erst recht keine Trennung dieser beiden Begriffe in gut und schlecht.

Wahres Leben ist beseelt vom Kosmos und ehrt diese Heiligkeit durch sein Dasein und seine bewusste Verwandtschaft mit den anderen Wesen, mit denen es sich diesen Planeten teilt. So ist Leben gleich seinem Sinn.

Der Segen des Kosmos ist die Lebenskraft, die alles durchströmt, die mich umhüllt und erfüllt und zu einem seiner vielen Söhne oder einer sei-

---

38 Seán ÓLaoire erzählte mir einmal von einem Traum, den er vor Jahren hatte. In diesem Traum trafen sich alle Spezies der Erde mit je einem Vertreter zu einer großen Konferenz über die Zukunft der Erde. Alle Spezies hatten mit ihrem Vertreter eine Stimme bei der Konferenz. Menschen: Eine Stimme. Elefanten: Eine Stimme. Gänseblümchen: Eine Stimme. Löwen: Eine Stimme. Ameisen: Eine Stimme. Eichen: Eine Stimme. Bisons: Eine Stimme. ... Welche Entscheidungen über die Welt würde solch eine Konferenz, bei der alle Wesen gleichberechtigt sind, wohl treffen?

ner vielen Töchter macht, umgeben von meinen Brüdern und Schwestern, die gemeinsam einen großen Kreis bilden.

Dieser Kreis ist gegenwärtig im leichten Morgennebel am Flussufer. Er zieht uns in seinen Tanz hinein, wenn wir viel zu früh aufwachen und uns etwas nach draußen lockt. Der Geist noch müde, aber dennoch von einer seltsamen Klarheit erfüllt, die der Stille der frühen Morgenstunden oft zu eigen ist. Der Fluss – glucksend, murmelnd, wispernd, raunend – unterwegs und doch ganz hier. Unser Blick plötzlich gefangen von einem Juwel in Azurblau und Kastanienbraun, das von einem Ast ins Wasser herabstürzt, die Flügel eng an den Körper gelegt, schnell wie eine Harpune. Wie aus dem Handgelenk der Welt geworfen, eingetaucht, aufgetaucht und zurück auf seiner Warte am Ufer. Nur zwei, drei Sekunden dauert der Beutezug. Ein Augenblick, dem eine besondere, wortlose Poesie innewohnt. Keine Zeit, kein Subjekt oder Objekt, nur die Kühle des Morgens und das Raunen des Flusses. Unser Bewusstsein Beute des Eisvogels. Wir sind nicht mehr außerhalb, kein Beobachter mehr, sondern Teil der Natur, der Fluss und der Vogel Teile unseres Körpers.

Man sagt, es gebe Naturvölker, die kein Wort für die Natur haben, weil sie sich selbst nicht als getrennt von der Natur erleben. Sie abstrahieren nicht, schaffen keine Begriffe für etwas, dessen Teil sie doch sind.

Unser europäisches „Cogito, ergo sum" hat uns dieser Ursprünglichkeit enthoben, unser Denken, so nützlich es auch sein mag, hat einen Abstand zwischen uns und der Welt errichtet. Der Verstand analysiert etwas, das für ihn außerhalb seiner selbst liegt.

Wir können den Unterschied spüren, wenn unser Denken für einen Moment in der Begegnung mit der Natur aufhört, uns die Fessel unserer Begrifflichkeiten für einen Moment loslässt. Dann können wir einfach sein, uns fallenlassen in den gegenwärtigen Moment und dort unser wahres Zuhause finden. Wenn wir das Wispern der Bäume in uns vernehmen, wenn Berge uns zuraunen, dass sie nicht schlafen, sind wir nicht nur der Natur, sondern auch uns selbst näher.

Denn auch trotz unserer Städte und Autos und Fabriken und Staudämme, SIND wir selbst auch immer noch Natur.

Wir sind weder Beherrscher dieser Welt noch ungeliebte Kinder dieses Planeten. Wir sind, was wir sind. Menschen. Aufrecht gehende Tiere mit Hunger, Durst, Sex, Liebe, Gewalt und Wundern, deren Geist zu ganz außergewöhnlichen Leistungen in der Lage ist, die uns das Überleben in den letzten 200.000 Jahren sicherten.

Teil einer Welt, in der der Kreis des Miteinanders aller Spezies eine fragile aber unfassbar schöne Balance bildet.

In diesem Kreis kann ich einwurzeln und meine natürlichen Wurzeln, die oft wenig Grund, wenig Halt finden, pflegen. Ohne einen Bezug zu diesem Kreis, ohne Bezug zum Heiligen Kosmos, ohne Begegnung mit mir und dem Anderen, dem Tierischen, dem Pflanzlichen, dem Mineralischen, ist die Erde unter unseren Füßen dünn, sie wird erodiert von Dingen, die uns von unserem Innersten davontragen: Medien, Konsum, Besitz, Machtstreben, Gier. Unser Boden muss mit heilsamen Dingen gedüngt werden, damit wir ihn in gute Erde verwandeln können, in der Wachstum möglich ist – und der beste Dünger ist ein langer Blick des Anfänger-Geistes auf die Wirklichkeit.

Je tiefer unsere Wurzeln reichen, desto näher kommen wir den Wurzeln der anderen und es entsteht ein spirituelles Flechtwerk, das vor Erosion schützt. Wir erkennen uns als Natur und entdecken in uns selbst Anteile anderer Wesen und Phänomene. Für viele unserer vorchristlichen Vorfahren war diese Erkenntnis ganz selbstverständlich. Die keltische Spiritualität betrachtete, ähnlich wie die Indianer Nordamerikas es tun, Tiere als unsere älteren Geschwister. Schon lange bevor der erste Mensch ins Dasein trat, bevölkerten Tiere unseren Planeten.

Unsere Vorfahren verehrten jeden Aspekt der Natur, alles war ihnen Verbündeter. Sowohl das konkrete Tier als auch der „Geist" des Tieres, der in Träumen und Visionen zu ihnen sprach, war ihnen Führer und Freund. Die Kraft des Tieres, seine speziellen Eigenschaften verbanden sich in der schamanisch geprägten Spiritualität unser Vorfahren mit dem Menschen, der ihnen wirklich und wahrhaftig begegnete. Zeugnisse dieser Weltsicht finden wir in Höhlenmalereien, die Wesen, die halb Tier und halb Mensch sind abbilden, wie zum Beispiel den Zauberer in der Höhle von Trois Frères, der mit Hirschgeweih, Eulenaugen, Wolfsohren und Bärentatzen ausgestattet ist. Ein Trance-Tänzer, der sich für eine Zeit in ein Tier verwandelt und den Geist dieses Tieres um Rat für den Stamm fragt. Wir finden sie im Bild des keltischen, gehörnten Gottes Cernunnos, im griechischen Pan, in den Wesen der Mythen und Legenden wie den Zentauren und den Meerjungfrauen.

Diese innige Verbindung wurde von unserer Seite im Laufe der menschlichen Geschichte abgebrochen, als wir begannen, Tiere als „niedere" Geschöpfe zu betrachten, sie nur noch nach ihrem Nutzen zu bewerten und ihre Heiligkeit zu leugnen. Plötzlich waren Tiere nicht mehr mächtige und weise Wesenheiten aus den Tiefen des Waldes, sondern Diener des Bösen und gefährliche Bestien. Irgendwann wandelte sich die heilige Jagdbeute, die sich opferte, um den Stamm zu ernähren zum Nutztier und zur bloßen Ware, so weit entfernt von jeder Heiligkeit, wie man es sich nur vorstellen kann.

Doch wir spüren in einem leisen Winkel unserer Existenz, dass uns etwas Wertvolles verloren gegangen ist. Die Welt wird ärmer, je weniger Raum wir der Wildnis und ihren Bewohnern geben. Denn gleichzeitig wird auch unser innerstes Selbst immer gezähmter und damit auch kälter und leerer, während der Kreis des Lebens immer kleiner wird. Sind wir abgespalten von der Natur, sind wir abgespalten von uns selbst.

Die Kommunikation mit dem Leben, mit dem Lebendigen verflacht. Im günstigsten Fall wird die Natur noch als eine Sammlung von Exponaten betrachtet, aber eine echte Resonanz in uns scheint es nicht mehr zu geben.

Wir müssen uns selbst fragen, ob wir die Welt mit liebevollen und wachen Augen sehen. Ist unser Geist offen genug, dass eine wirkliche Begegnung stattfinden kann? Können wir das, was wir sehen, auch spüren? Wissen wir, dass in uns mehr ist als bloßer Verstand? Können wir die animalischen Anteile in uns annehmen? Verstehen wir, dass unter der Haut unserer Zivilisation auch Fell, Federn und Krallen sind?

„Alles Gute ist wild und frei" schrieb Henry David Thoreau Mitte des 19. Jahrhunderts. So ist auch der geheiligte Kosmos wild und frei wie unser ursprüngliches Inneres. Wollen wir Teil des Lebendigen sein, in den Kreis eintreten anstatt nur als Zuschauer zu fungieren, müssen wir unsere Wurzeln bewusst ausstrecken und erforschen. Wir müssen in die Erde hineinwachsen, in unsere Geschichte als Menschen, in unsere Geschichte als Tiere. Jede Begegnung mit einem Tier, jede Begegnung mit einem Baum, einer Pflanze, ist ein Ruf zur Vereinigung mit dem Heiligen, ist ein Erfühlen unserer Wurzeln, ein Greifen in die Fruchtbarkeit des Seins.

Mit solchen Wurzeln können wir uns kraftvoll aufrichten, unsere Äste in den Himmel strecken und den Wind spüren.

Bäume tanzen im Wind, wiegen sich selbst. Wir können wie sie den Himmel berühren, uns dem Sonnenlicht entgegenstrecken und uns mit unserem Atem weiten. Uns selbst halten. Uns selbst in das Leben hineinhalten.

Fest gegründet mit tiefen Wurzeln, in den Himmel gestreckt mit unseren Ästen, im großen, kosmischen Kreis lebendig: So ist Wachstum in alle Richtungen möglich.

Übung: In den Kreis eintreten

Nehmen Sie sich einen Tag, um eine längere Wanderung zu unternehmen. Lassen Sie sich Zeit und schweifen Sie umher. Sammeln Sie dabei ein paar Steine, ein paar Tannenzapfen oder auch kleine Äste, Holz- oder Rindenstücke, die Ihnen auffallen. Vielleicht finden Sie auch die eine oder andere Vogelfeder oder ein Stück Horn. Suchen Sie sich einen ungestörten Platz in der Natur und legen Sie die gesammelten Gegenstände vor sich in einen Kreis, wobei Sie eine etwas 40 – 50 cm große Lücke offen lassen. Setzen Sie sich nun außerhalb dieses Kreises vor die Lücke und betrachten Sie in Ruhe die vor Ihnen ausgebreiteten Dinge. Lassen Sie Ihrer Imagination freien Lauf. Sehen Sie in dem einen Stein die Welt der Mineralien, der Geheimnisse der Erdkruste. Sehen Sie in einem anderen Stein ein Symbol für die menschliche Vergangenheit der Steinzeit – versuchen Sie sich die damaligen Menschen vorzustellen, ihren Blick auf die Wunder des Nachthimmels, ihre Ehrfurcht vor den großen Raubtieren dieser Epoche. Vielleicht stellt ein anderer Stein für Sie ein bestimmtes Tier dar oder auch einen ganzen Planeten. Möglicherweise ist ein Holzstück so geformt wie ein Fisch, ein anderes vielleicht wie ein Vogel. Ein Stück Rinde mag einen Bären darstellen, ein Tannenzapfen eine Eule. Vielleicht haben Sie eine Eichel in ihrem Kreis, bei der Sie sich jetzt schon vorstellen können, wie aus ihr eines Tages ein riesiger Baum wird.

Was auch immer Sie in ihrem Kreis zusammengetragen haben, was auch immer diese Dinge in Ihnen für Vorstellungen wecken, lassen Sie alles so lebendig wie möglich vor Ihren Augen erscheinen. Vertiefen Sie sich in den Kreis und dann stehen Sie auf und treten ganz bewusst in die Lücke, die Sie beim Legen des Kreises freigelassen haben. Treten Sie ein! Schließen Sie den Kreis und fühlen Sie sich willkommen. Seien Sie sich bewusst, dass Sie zu diesem Kreis des Lebens dazugehören. Verweilen Sie so lange, wie es sich für Sie gut anfühlt. Dann setzen Sie sich wieder hin und betrachten die Gegenstände erneut. Befreien Sie sie von den symbolischen Aufladungen, mit denen Sie sie versehen haben. Der Tannenzapfen ist nun wieder einfach ein Tannenzapfen, der Stein ein Stein, das Stück Holz ein Stück Holz. Machen Sie sich bewusst, dass die Gegenstände deshalb nicht weniger wert sind, sondern dass ihr Wert in dem liegt, was sie von Natur aus sind. Legen Sie nun in die Lücke einen weiteren Gegenstand, so dass der Kreis wieder geschlossen ist und gehen Sie Ihres Weges. Vielleicht wird der nächste Wanderer, der hier vorbeikommt und den Kreis sieht, auf ganz eigene Weise berührt und inspiriert.

Der Klang des Kosmos

Die Musik drückt das aus, was nicht gesagt werden kann
und worüber zu schweigen unmöglich ist.
Victor Hugo

Im Jahre 1964 testeten Arno Penzias und Robert Woodrow Wilson eine neuartige Antenne, die für die Kommunikation mit Satelliten gedacht war. Dabei bemerkten sie eine rätselhafte Störstrahlung, die aus allen Richtungen gleichzeitig zu kommen schien. Ihre erste Idee war, dass sich Taubendreck auf der Antenne befand, der den Empfang entsprechend störte. Doch auch nachdem die beiden Wissenschaftler all ihre Fachkenntnisse zur Beseitigung von Vogelscheiße in die Tat umgesetzt hatten, blieben die Störgeräusche bestehen. Erst nach der Beratung mit ein paar Kosmologen fanden sie heraus, dass das, was sie dort hörten, keine Störgeräusche waren, sondern das Echo des Urknalls.

Ungefähr 400.000 Jahre nach dem Urknall sank die Temperatur des Universums so weit ab, dass sich Atome bilden konnten, dass Universum sozusagen „transparent" wurde und Strahlung freigesetzt werden konnte. Zuvor war das Universum durch Temperaturen gekennzeichnet, die - sehr vereinfacht ausgedrückt - Strahlung und Materie eins sein ließen. Alles war ein einziger „Klumpen" enormer Energie, der sich nun jedoch immer weiter ausdehnte und dabei die Strahlung freisetzte, die Penzias und Wilson irrtümlich für Taubendreck hielten und für deren Entdeckung sie 1978 den Nobelpreis erhielten.

Diese Strahlung empfangen wir im Mikrowellenbereich, der hörbar gemacht werden kann. Für diejenigen unter den Lesern, die sich noch an einen seligen Zustand namens „Sendeschluss" erinnern: So wie das Rauschen eines Fernsehers klingt ungefähr auch der Nachhall der Explosion, der wir alle unsere Existenz verdanken.[39]

Das sogenannte Hintergrundrauschen ist der erste Ton, den das Universum von sich gab und den nun jeder, der über eine entsprechende Sensorik und ein dazugehöriges Bewusstsein verfügt, hören kann. Es war der erste, aber bei weitem nicht der letzte Ton. Jeder, der Kinder hat, weiß, dass der erste Schrei nur der Anfang ist. Und wie unsere Kinder ihre Ausdrucksweise immer weiter verfeinern, um sich auszudrücken, hat auch unser Universum immer neue Arten akustischer Signale hervorgebracht. Die Musik des Kosmos wird auf einer schier endlosen Klaviatur gespielt. Wie die Inder sagen, begann die Welt mit dem „Om", was man vielleicht als religiöse Version des kosmischen Hintergrundrauschens bezeichnen könnte. Doch aus diesem einen Mantra wurden unendlich viele Mantras, die von den verschiedensten Wesen und Phänomenen, zu denen sich das Universum entfaltet hat, in die Welt getragen werden.

Vögel entwickelten die unterschiedlichsten Gesänge, entweder um potentielle Partner anzulocken, um ihr Revier abzugrenzen oder einfach um der Freude des Singens willen. Manche Gesänge sind angeboren, manche (z.B. bei Singvögeln) müssen erlernt werden. Menschen sind seit jeher von Vogelstimmen beeindruckt und inspiriert – die ersten Flöten, die Menschen sich bauten, waren sicher Versuche singende Vögel zu imitieren. Ebenso führten der Donner eines Gewitters oder die Regentropfen auf einer ausgedörrten Ebene zu den Klängen der ersten Trommeln. Hohle Baumstämme, ein Ast und ein Gefühl für Rhythmik, die Balance zwischen Ton und Pause, waren der Beginn immer komplexer werdender menschlicher Musik.

Klänge berühren unser Innerstes. Das Gebrüll eines Löwen wird man nie vergessen, das Heulen von Wölfen löst in jedem Menschen eine Empfindung aus, der Wind in einer Felsschlucht oder in einem rauschenden Wald kann ein ganz eigenes Lied singen und Buckelwale kommunizieren auf eine Art, die fast jedes Menschen Herz berührt.

Klänge werden in ihrer Verbindung zu Musik. Musik führt zu Tanz, zu Ausgelassenheit, zu Feierlichkeit, zum Ausdruck unserer inneren Welten, ob traurig, nachdenklich oder überschwänglich. Eine Melodie kann manchmal weitaus mehr sagen als tausend Worte und in ihrem Klang kön-

---

39 Allerdings haben diese beiden akustischen Phänomene nichts miteinander zu tun.

nen wir uns vollständig verlieren. Musik begleitet uns seit Jahrtausenden bei wichtigen Ereignissen. Stammestänze als Dank für Jagderfolg und bei Übergangsriten, Choräle bei christlichen Gottesdiensten, meditatives Versenken mithilfe der Shakuhachi-Flöte im Zen, Kreiseltänze bei den Sufis, Hardcore-, Metal- oder Punkkonzerte als moderne Form der Initiation und als Energie-Ventil, Technopartys als ekstatisches Erlebnis der kollektiven Entäußerung, Opern als akustische Bilder einer ganzen emotionalen Welt, Jazz-Improvisationen als Schule der Achtsamkeit – der Klang des Kosmos ist vielfältig wie seine Wesen, die Melodien der Menschen so variantenreich wie die Individuen, die sie hervorbringen. John O'Donohue erinnert uns daran, die Musik sei „eins der schönsten Geschenke, die der Mensch der Erde brachte" und Friedrich Nietzsche sagte: „Ohne Musik wäre das Leben ein Irrtum".

Selbst Musik zu machen, gemeinsam mit anderen Menschen Klänge hervorzubringen, Rhythmus und Melodie zu erzeugen, kann ein überaus faszinierendes Erlebnis sein. Wenn vier oder fünf Menschen eine je individuelle Tonfolge erzeugen, die zusammengenommen ein Lied ergeben, entsteht etwas, das mehr ist als die Summe seiner einzelnen Teile. Wir fühlen uns einem größeren Ganzen verbunden, lassen uns in das Stück fallen. Plötzlich sind zwanzig Minuten vorbei, der letzte Ton verklingt und man schaut rings herum in glückliche Gesichter.

Aber auch einfach Musik zu hören, kann entgrenzend wirken, uns in den Klang hinein auflösen und unsere Sinne ekstatisch mit der Welt verschmelzen lassen.[40] Die Improvisationen eines Jazz-Trios wachsen jenseits des in der Popmusik üblichen Strophe-Refrain-Strophe-Schemas zu etwas beinah Magischem an, welches unseren Geist, dessen gewohnte Erwartungshaltung überschritten wird, mit sich nimmt. Unsere ganze Achtsamkeit wird gefordert, da jeder Ton zu etwas ganz anderem führen kann, jede Klaviernote kann harmonisch vom Bass entsprochen oder aber gekontert und in etwas gänzlich Neues überführt werden. Das Schlagzeug kann minimal unterstreichen und dann wieder plötzlich die Musik vorantreiben, Akzente setzen, Tempiwechsel vollführen und das ganze Stück „gegen den Strich bürsten". Nichts ist sicher, nichts vorhersehbar – und so wird Musik zu einem Abbild des menschlichen Lebens.

---

40 Ja, das geht definitiv auch ohne Drogen!

Die ursprünglichste Form der Musik ist aber wohl immer noch das gemeinsame Trommeln. Mit wie vielen Menschen und mit welchen Trommeln auch immer, egal ob geübte oder ungeübte Trommler, jeder spürt im Klang der Trommeln eine urtümliche Energie, die mit nichts zu vergleichen ist. Jeder Ton, der durch eine Hand oder einen entsprechenden Stick auf dem Fell einer Trommel entsteht, schickt seine Schwingungen in die Welt hinaus. Die Schwingung trifft unseren Bauch und unser Herz, geht in die Beine, leert den Kopf. Wir sind beteiligt an der Musik des Universums, sind ein Teil des großen Liedes! So kann Musik eine überaus kraftvolle spirituelle Praxis sein, in der wir uns selbst und das Leben auf ganz neue Weise spüren.

Immer neue Töne, neue Melodien, neue Rhythmen bringt der Kosmos durch uns hervor. Musik ist Rhythmus gewordenes Sein, das sich selbst in immer neuen Formen und emotionalen Farben ausdrückt. Gemeinsam mit den Regentropfen und dem Wind in den Bäumen singen und trommeln wir die Melodie, die alles umfasst. Aus dem einen Echo des Urknalls hat sich eine ganze Sinfonie entwickelt, der wir die eine oder andere Note selbst hinzufügen oder durch unser Erleben der Musik anderer mit unseren Emotionen bereichern können.

Übung: Trance-Trommeln

Im Gegensatz zu den anderen Übungen in diesem Buch, kann man die folgende Übung nicht oder nur schlecht allein machen. Sie ist also mit einem größeren Aufwand verbunden, der sich meiner Meinung nach jedoch lohnt. Vielleicht gibt es in Ihrem Heimatort bereits eine Trance-Trommelgruppe, der Sie sich anschließen können. Vielleicht kennen Sie einige Gleichgesinnte, mit denen Sie eine solche Gruppe gründen. Was Sie brauchen sind ein paar neugierige Menschen, eine entsprechende Anzahl von Trommeln (am besten eignen sich Djemben) und tolerante oder besser noch stocktaube Nachbarn.
Einer aus der Gruppe gibt einen Rhythmus vor (üblicherweise derjenige, der sich mit seinen Trommelfähigkeiten am sichersten fühlt) und bleibt während der ganzen Zeit ei-

nes „Liedes“ bei diesem Rhythmus. Die anderen steigen nach und nach ein, wobei die erste Trommel, und dabei vor allem der Bass-Schlag, als Orientierung dient. Alle können sich erst einmal in diesen Rhythmus einfinden und dann auf diesem Rhythmus improvisieren, sich freischwimmen, Akzente setzen und dann zum Grundrhythmus zurückkehren. Erfahrungsgemäß dauert ein solches „Lied“ um die zwanzig Minuten, wird mal lauter, mal leiser und zum Schluss meist schneller. Man kann an einem Abend zwischen drei und vier solcher Stücke spielen, bevor die Energie nachlässt. (Dabei kann auch derjenige, der den Grundrhythmus hält, abgewechselt werden.) Bis dahin ist es jedoch für jeden eine großartige Erfahrung. Manchmal muss man direkt nach dem Stück mitteilen, wie toll sich das angefühlt hat. Manchmal kann man aber auch einfach die Stille nach dem Verklingen des letzten Trommelschlages auf sich wirken lassen. Diese Stille ist so tief, obwohl die Ohren von den Trommeln und vom eigenen Herzschlag noch ein wenig rauschen. Genießen Sie diese Stille! Genießen Sie die Energie des nächsten Trommelstückes!

Die Suche endet

Bezüglich der letztgültigen Dinge können wir nichts wissen,
und nur, wenn wir dies anerkennen,
finden wir unser Gleichgewicht wieder.
Carl Gustav Jung

Wir Menschen sind neugierige Wesen und wir sind süchtig nach Sinn. Nichts macht Menschen unglücklicher als das Empfinden von Sinnlosigkeit. Der Mythos von Sisyphos ist das Urbild der Hölle – eine sinnlose Tätigkeit bis in alle Ewigkeit wiederholt. Nicht wenige Menschen sehen so ihr tägliches Leben, empfinden ihren Alltag als Hamsterrad, welches sich zwar durch immerwährende Anstrengung bewegt aber niemals vorwärtskommt. In solch einem Geist wird die Suche nach Sinn zu einer Obsession, vermeintliche Antworten werden zu Allheilmitteln, und geistige Konstrukte, die uns die Welt erklären, werden zu Götzenbildern, die wir bis aufs Blut verteidigen müssen. Das größte Glück besteht darin, dass der Sinn unvermittelt vom Himmel fällt. Entweder in Form einer vorgefertigten Religion, einer politischen Doktrin oder als Projektion auf unsere Beziehungen zu Liebespartnern oder Kindern. Der Sinn, den wir alleine nicht finden können, soll auf möglichst romantische Weise zu zweit entstehen oder sich in Kindern manifestieren, die all die Dinge machen sollen, zu denen wir selbst aus den unterschiedlichsten Gründen nie gekommen sind.

Meist funktioniert diese Art der Projektion so lange, bis die Ehe scheitert oder die Kinder aus dem Haus sind. Dann beginnt die Suche erneut und die spirituellen Seminare, Retreats und Kurse sind gefüllt mit Menschen in der Lebensmitte, denen ihr vermeintlich gefundener Sinn irgendwie abhandengekommen ist.

So suchen wir immer weiter, entdecken diese neue Lehre oder jene neue spirituelle Meisterin, erlernen bessere und effektivere Meditationstechniken, erwerben Zertifikate, üben Methoden und stehen doch immer wieder vor denselben alten Fragen: Woher komme ich? Wohin gehe ich? Warum bin ich hier? Was ist der Sinn all dessen?

Doch einen vorgefertigten Sinn, eine Antwort auf all das gibt es nicht. Wir sind diejenigen, die Sinn *stiften* müssen. Wir werden nirgends *die eine* Antwort finden, nur unser Leben kann *eine von vielen möglichen Antworten* SEIN.

Ich muss hier zurückkommen auf das Bild des Wanderers, welches wir schon einige Male bemühen mussten. Stellen Sie sich vor, sie stünden auf einem Hügel, mitten in einer unberührten Landschaft. Ihr Blick schweift über Berge, Gräser, Büsche, Bäume, kleine Flüsse, Felsen, vielleicht einen glitzernden See in der Ferne. Vögel singen, ein paar Rehe äsen am Waldrand, am Himmel entdecken Sie die Silhouetten großer Raubvögel, die sich auf warmen Winden immer höher in die Luft schrauben. Das Geräusch eines kleinen Bachs dringt an Ihr Ohr und Sie spüren eine angenehme, warme Brise auf Ihrer Haut.

All das IST, ohne nach einem Sinn zu verlangen. Sinn ist nur ein Wort, das etwas bereits Perfektem unnötigerweise hinzugefügt wird. Der Blick des Wanderers ist ebenso vollkommen wie die Welt, die ihn umgibt. Jeder seiner Schritte ist vollkommen. Jeder Atemzug ist perfekt. Das Herz des Wanderers ist still. Es IST selbst die Vollkommenheit des Seins und giert deshalb nicht mehr nach Antworten. In der Sprache der Stille gibt es keine Fragen und keine Antworten. Die Sehnsucht nach Antworten, die unser Herz in ständiger Unruhe gefangen hielt, ist zur Sehnsucht nach reinem Sein geworden. Unser Herz lebt in reinem Sein, in reinem Gewahrsein dessen, was ist – und weiß, dass auch diese Benennung, dieses „reine Sein", nur Worte sind. Wirklich ist nur die Stille, die wir tief in uns fühlen.

So endet für den Wanderer die Suche nach einem Weg. Der Fokus liegt nun auf jedem Schritt, der in sich vollkommen ist, der uns tiefer in die Ruhe führt, tiefer in das Mysterium, welches frei ist von unseren verzweifelten Versuchen, es verstehen zu wollen.

Wandern. Sehen. Wahrnehmen. Es aufnehmen. Uns durchdringen lassen. Spüren, dass wir Teil dieses Mysteriums sind. Spüren, dass wir das Mysterium selbst sind. Spüren, dass wir sind.

So entwickeln wir Herzensruhe und Frieden in uns. Wir müssen nicht nach unserer Lebensaufgabe suchen, denn da ist niemand, der uns diese Aufgabe hätte erteilen können. Und was für einen Sinn hätte eine Aufgabe, deren Inhalt wir nicht genau kennen? Da müsste man dem Auftraggeber doch zumindest einen sehr kruden Sinn für Humor unterstellen, wenn nicht gar Böswilligkeit.

Unsere Geburt ist der Startschuss. Irgendwie bringt all das, was in diesem Universum zusammenhängt, uns hervor. Wir treten aus dem nichtfassbaren Bereich in den manifesten Bereich ein und wenn wir hier schon von einer Aufgabe sprechen wollen, dann ist es nur diese: zu sein!

Das heißt nicht, dass wir ohne inneren Antrieb dahinvegetieren sollten oder dass wir nicht forschen sollten, um unsere Möglichkeiten zu erweitern, doch die Suche nach einer grundsätzlichen Antwort auf das Rätsel unserer Existenz bindet unglaublich viel Energie und schafft mehr Unglück als Glück.

In der Stille können wir erkennen: Sinn ist wie das Heilige dem Leben immanent. Das eine wie das andere zu suchen, gleicht dem Versuch der Katze sich in den eigenen Schwanz zu beißen. Einfach zu sein, anwesend zu sein, ist sinnhaftig genug. Das Geheimnis liegt in der Präsenz. Wenn ich wahrhaft anwesend, wahrhaft präsent bin, dann verschwindet die Grenze zwischen mir und der Welt, mir und den anderen, mir und dem Mysterium des Seins. Ich bin der Sinn des Lebens in der mir gemäßen Ausprägung. Ich bin der geheiligte Kosmos in der mir gemäßen Ausprägung. Augenblicklich bin ich ein Ausdruck des sich entfaltenden Seins, des sich ausdehnenden Universums und das sollte mir genügen. Von diesem Punkt kann ich alles tun. „Liebe und tue, was du willst!" sagt Augustinus[41]. Ich hätte nie gedacht, dass ich ihn mal in positivem Sinne zitieren würde, doch dieses Zitat ist durch und durch wahr.

Jede Erfahrung, die wir in voller Präsenz machen, birgt ihren eigenen Sinn in sich. Jede Begegnung, die wir wahrhaftig haben, birgt das Heilige in sich. In allem begegnen wir dem Mysterium, dem reinen Sein, dem Wunder, das überhaupt etwas IST – und wir verlieben uns in dieses Wunder in all seinen Formen inklusive unserer selbst.

Wenn wir diese Zusammenhänge wirklich erkennen, kann unsere Suche enden. Die Wanderschaft geht weiter – sie ist ihrem Wesen nach endlos – aber die Suche nach einem Ankommen endet. Viele spirituell Suchende treibt diese Sehnsucht nach einem Ankommen an. Sie möchten keinen

41 In ähnlicher Weise sagen die ethischen Grundsätze der Wicca-Religion: *„An ye harm none do as ye will"- Solange es niemandem schadet, tu was du willst.*

spirituellen Weg, sondern ein spirituelles Heim inklusive Kuscheldecke. So laufen sie von einem Seminar zum nächsten, nehmen bald an diesem, bald an jenem Workshop teil, immer in der Hoffnung hier nun zu finden, was ihnen das Gefühl eines geistigen Zuhauses vermittelt. Anfangs ist die Begeisterung stets groß: die neue Gemeinschaft und der neue Lehrer sind *genau* das, was sie schon immer suchten. Doch je mehr Zeit vergeht, desto klarer wird, dass das Gefühl von Heimat eine Illusion war. Je mehr Zeit vergeht, desto schaler wird die Begeisterung, desto mehr muss man vor sich selbst rechtfertigen, warum man zu dieser Gemeinschaft dazugehören möchte. Man spürt, dass man sich trotz aller ehrlich gemeinten Versuche in die Tiefe zu bewegen nur auf der Oberfläche begegnet. Zwar ist diese Oberfläche mit einem spirituellen Anstrich versehen, doch dieser blättert rasch ab und entblößt die darunter liegende Langeweile und die Unfähigkeit einen eigenen Weg zu entdecken und zu gehen.

Es gibt drei wichtige Dinge, die einen spirituellen Weg als den eigenen identifizierbar machen: ein theoretischer Unterbau bzw. ein adäquates Weltbild, eine wirkliche Praxis und eine daraus folgende Sinnstiftung.

Der theoretische Unterbau ist die Kosmologie, die Weltsicht, die jeder nur für sich selbst aufbauen bzw. entdecken kann. Sie muss der eigenen Bildung und der eigenen Gesellschaft und Zeit (im Sinne des Entwicklungsstandes unserer Wissenschaften und den moralischen Vorstellungen und ihren sich immer weiter entwickelnden Anpassungen und Paradigmenwechseln) entsprechen. Diese Weltsicht muss uns genug Verbundenheit gewähren, so dass wir keine Verbundenheit dort suchen müssen, wo wir sie niemals finden werden. Meist wissen wir ganz genau, was ein guter Ort für uns ist und was nicht. Achten wir auf unser Bauchgefühl, erfahren wir recht schnell, ob eine Religion oder Gemeinschaft uns entspricht oder nicht. Fühlen wir uns rundum wohl? Werden alle Aspekte unseres Seins wertgeschätzt? Zwei Fragen, die zu unterscheiden helfen und bei denen wir nicht nur auf eine intellektuelle Antwort achten sollten, mit der wir uns gerne selbst weismachen, dass alles in Ordnung ist, sondern auch auf unser Gefühl, welches sich oftmals in der Körpermitte und im Solarplexus bemerkbar macht.

Das Gleiche gilt für die Praxis. Eine Praxis dient dazu, uns zu öffnen, um einerseits die Welt und uns selbst auf einer immer tieferen Ebene erfahrbar zu machen und andererseits in den Bereich des Nicht-Wissens einzutauchen, welcher uns Staunen, Überraschungen und Paradigmenwechsel beschert, die unsere Kosmologie davor schützen zu verkrusten und zu einem neuerlichen inneren Dogma zu werden. Eine Praxis führt uns in Erfahrungen der Stille und der Tiefe. Doch dazu müssen es echte und keine bloß vorgestellten Erfahrungen sein. Und diese echten Erfahrungen kann ich nur machen, wenn mir die Praxis auf ganz natürliche Weise entspricht. Wenn mir bestimmte Rituale oder Visualisierungen zu fremdartig erscheinen, ich mich dabei die ganze Zeit unwohl fühle, mich selbst als schlecht verkleideten Schauspieler erlebe, werden sie mich nicht in die Tiefe führen können. Vielleicht liegt es einfach nicht in meiner Natur, über eine Lotosblüte zu meditieren oder mich vor einer Statue niederzuwerfen. Vielleicht fühle ich mich vor einem Kreuz kniend, mit einem Turban auf dem Kopf oder mit japanischer Zen-Kleidung versehen einfach der Lächerlichkeit preisgegeben. Vielleicht sind asiatische oder indische Mantras oder auch tantrische Körpererfahrungen einfach „nicht mein Ding". Natürlich gibt es immer diejenigen, die dann behaupten, dass man sich nur sperrt und dass man aus dem eigenen inneren Gefängnis ausbrechen sollte. Manchmal ist an dieser Theorie etwas Wahres dran, aber es gehört auch zu einem Ausbruch aus dem inneren Gefängnis, „Nein" sagen zu können, wenn eine ganze Seminargruppe „Ja" zu seltsamen Riten jubelt.

Menschen sind verschieden und das ist gut so. Für den einen besteht eine sinnvolle Praxis aus Meditation, für den anderen sind es lange Spaziergänge oder das Singen in einem Chor. Entscheiden müssen wir selbst und niemand sonst.

Wie widerstreitende Kräfte im Kosmos sich im Gleichgewicht befinden, weil der Kosmos groß genug ist, um diese Kräfte in sich zu bergen, so müssen auch unsere inneren Widersprüche Raum haben. Unterdrücken wir einen bestimmten Aspekt unseres Wesens, weil die Gemeinschaft oder Kirche, der wir angehören, meint, dieser Aspekt sei nicht adäquat oder eines spirituellen Suchers unwürdig, werden wir auf Dauer in Schwierigkeiten und innere Qualen geraten. Wir sind keine auf einen einzigen Zweck hin programmierten Maschinen, sondern ein spannendes Gleichgewicht von Widersprüchen, die unsere individuelle Menschlichkeit ergeben.

Aus dieser Praxis und unserem Leben, auf das diese Praxis einen Einfluss hat, ergibt sich unsere Sinnstiftung. Wir stiften selbst Sinn, indem wir unsere Weltsicht weit machen und vertiefen, uns immer mehr mit in die Welt einbeziehen und uns immer mehr entgrenzen. Ebenso ist unsere Praxis ihr eigener Sinn: Wir meditieren, um zu meditieren, wir gehen, um zu gehen, wir singen um des Singens willen. Unser Leben ändert sich immer mehr gemäß unserer Weltsicht, unserer Kosmologie und dem, was wir in unserer Praxis erfahren und dann in unserem Alltag verwirklichen.

Wenn die drei Bereiche unseres Weges unserer Natur entsprechen, dann können wir einfach einen Fuß vor den anderen setzen und die Reise genießen. Da ist niemand, der uns in ein bestimmtes Raster pressen kann, niemand, der uns erklärt, was rein und unrein ist und uns selbst in entsprechende Kategorien einordnet. Wir benötigen keinen bestimmten Ort, den wir als unser spirituelles Zuhause bezeichnen und keine Gemeinschaft, die abgesondert von unseren anderen Beziehungen ihre Zeremonien verrichtet. Der Weg, auf dem wir uns befinden, führt mitten durch unsere große Zugehörigkeit und alle Wesen gehören zu unserer Gemeinschaft eines spirituellen Alltags. Dieser Weg führt uns hinein in die Wirklichkeit.

Wirklichkeit – Was ich wirklich brauche

Um die Wirklichkeit zu „kennen", kannst du nicht außerhalb von ihr stehen und sie erläutern; du musst in sie hineingehen, sie sein und fühlen.
Alan Watts

Die Welt ist voller Theorien. Gerade spirituelle Ideen gibt es wie Sand am Meer – eine Menge Gedanken, über die man sich weitere Gedanken machen kann. Das einzige *perpetuum mobile*, was wirklich funktioniert. Manchmal, in guten Momenten, wundere ich mich über das, was da durch meinen Kopf trampelt, dabei kaum Raum für anderes, weitaus wichtigeres zulässt. Ich wundere mich, wie mein Kopf mich vom Wahrnehmen des Gegenwärtigen abhält, mich fern hält vom eigentlichen Leben und vor allem von den Menschen und anderen Lebewesen um mich herum.

Und in ganz guten Momenten, kann ich darüber lachen. Ein Lachen, dass mich zurückbringt zu dem, was ist.

All das, was ist, und was ich wirklich in meinem Leben brauche, hat auf den ersten Blick nicht viel mit Spiritualität zu tun, jedenfalls nicht mit der Art von Spiritualität, die einen eigenen, für sich reservierten Bereich benötigt.

Stattdessen sind es ganz einfache Dinge, echte Dinge, die die Fähigkeit haben, mich ins Leben einzuladen. Ganz einfache Dinge, die mich aus meinem Kopf heraus und in mein Herz hinein bringen…

Was brauche ich also wirklich?

Ich brauche Luft, ein tiefes Ein- und Ausatmen. Ich möchte lieben und geliebt werden, wünsche mir Küsse, die mich bergen und Blicke, die mir ein Gefühl der Zugehörigkeit schenken.

Ich brauche Kinderlachen und berührende Musik, grüne Hügel und den Geruch des nahen Meeres. Ich möchte kaltes Wasser, heißes Wasser spüren, die Sonne auf meiner Haut. Ich möchte sehen, wie die Dinge sind und befreit lachen.

Ich möchte gutes Essen mit guten Freunden teilen, möchte ein Feuer am Abend und ein tiefes Gespräch. Ich möchte Sex, der mich mit meiner Partnerin verbindet, eine Umarmung, wenn ich glücklich bin und eine, wenn ich traurig bin. Ich brauche Zeit, um den Wolken zuzusehen und gemeinsame Spaziergänge mit lieben Menschen, mit denen man sich schweigend wohlfühlt.

Ich brauche die Größe des Kosmos, etwas, über das ich staunen kann, Sterne am Himmel und die Geheimnisse der Nacht. Raum für meine Widersprüche, Platz für gegensätzliche Empfindungen zwischen denen mein Herz seinen eigenen Pfad suchen kann.

Jemanden, mit dem ich zur rechten Zeit meine Tränen teilen kann. Menschlichkeit und Rührung. Ruhige Nachmittage mit den Tönen des Regens am Fenster und Tage, die ich mit der Liebe meines Lebens im Bett verbringe.

Ich brauche Gelegenheiten, meine Kreativität zu entdecken und auszuleben, mich auszuprobieren und mich auszudrücken.

Ich brauche ein gutes Buch mit anregenden und herausfordernden Gedanken. Musik, die mich selbstvergessen trägt oder die mich die Bewegung meines Blutes spüren lässt. Inspiration, die mich weckt, meinen Verstand und meinen Körper elektrisiert. Ich brauche Wiesen, Wälder, Berge, Flüsse, Seen und Tiere, die so anders sind als ich – und dennoch so verwandt mit mir. Ich möchte in Augen sehen, hinter denen ein Geist wohnt, der die Welt auf so verblüffend andere Weise als ich wahrnimmt.

Ich möchte die Kraft der Wellen spüren, das Geräusch der Brandung hören und den Wind fühlen, der durch mich hindurch weht. Ich brauche von Zeit zu Zeit das Gefühl, die zivilisatorische Schicht in mir zu zerbrechen, ich brauche etwas Wildes, das zugleich durch die Natur in mich einbricht, wie es auch aus mir herausbricht. Ich muss mich beim Sport verausgaben, meinen Puls rasen lassen, meinen Schweiß strömen lassen. Ich brauche dramatische Wolken und knisternde Blitze, eiskalten Regen, der mich zittern lässt.

Ich brauche ein Leben, das sich seiner selbst nicht schämt und welches das Sein in tiefen Zügen trinkt, sich von ihm ganz und gar durchdringen lässt. Und letztlich – ganz zum Schluss, nachdem alles, soweit es mir möglich war, getan und gesagt wurde - brauche ich einen guten Tod.

Wie wir schon des Öfteren in diesem Buch festgestellt haben, ist etwas nicht nur wertvoll weil es unendlich ist. Auch unser Universum könnte eines Tages in sich zusammenfallen und in einem schwarzen Loch verschwinden. Dennoch trägt es seinen Wert in sich und benötigt keine Ewigkeit, um diesen zu konstituieren. Ebenso ist unser Leben gestaltet:

Wertvoll in jedem Augenblick unserer Erfahrung.

Kann Spiritualität eine wahre Befreiung bewirken? Kann sie unser Herz öffnen und uns mehr am Leben teilhaben lassen? Ja, wenn sie aufhört spirituell zu sein, wenn sie aufhört, etwas Besonderes sein zu wollen, ein irgendwie heiliger Bereich, getrennt vom Profanen. Das Profane ist heilig, das Heilige ist profan. Samsara ist Nirvana und umgekehrt. Leben ist das Geheimnis. Liebe ist der Weg.

Alle Dinge, die ich beschrieben habe (und ich habe sie nur für mich beschrieben, vielleicht sind Ihnen ganz andere Dinge wichtig), sind die Wirklichkeit.

Die Wirklichkeit sind die Freunde, mit denen Sie Ihren Abend verbringen, nicht Jesus am Kreuz, zu dessen Füßen Sie Ihre Schuld bekennen.

Die Wirklichkeit ist die Frau, die Sie lieben und die Sie spüren möchten, nicht Buddha, der Sie in Ihrer Fantasie milde anlächelt.

Die Wirklichkeit ist die Sonne auf Ihrem Gesicht, nicht die 72 Jungfrauen, die Ihnen Mohammed nach Ihrem Selbstmordattentat versprochen hat.

Was ist hier? Was liegt in diesem Moment vor Ihren Augen? Genau DAS ist der geheiligte Kosmos in seiner alltäglichen Entfaltung.

Liebe – das innerste Geheimnis des Kosmos

Gesegnet seien die Lager, die uns betten
einander anzubeten in der Nacht.
Niemals, nein niemals nackt genug
das Wesen des anderen zu erkennen.
Lee Pieper

Die Entfaltung, die im Kosmos, in uns und durch uns wirkt, bricht etwas in uns auf. Unser wahrhaftiges Sehen verändert etwas in unserem Innersten. Wir wissen kaum, was hier Ursache und was Wirkung ist: Sehen wir, weil wir lieben oder lieben wir, weil wir wirklich sehen können? Führt unsere Sehnsucht uns zur Schönheit oder weckt die Schönheit dieses tiefe Sehnen in uns, was uns über die Grenzen unseres Inneren hinauslockt und uns selbst Worte, Gesten und Lieder dem Schönen widmen lässt?

In diesem Tanz gibt es niemanden, der führt und niemanden, der sich führen lässt. Es ist ein Umeinander-Kreisen, ein elliptisches Miteinander, welches immer den richtigen Abstand findet. Menschen drehen sich umeinander, drehen sich mit der Erdrotation und mit der Erde um die Sonne – und unsere Galaxie dreht sich, dehnt sich aus, wird weiter und vielfältiger, schafft mehr Raum unter den Milliarden Jahre alten Sternenlichtern dieses universalen Tanzsaals. Unsere Augen ruhen auf dem oder der Geliebten, sie ruhen auf unseren Kindern, auf unseren Eltern und Großeltern, auf Bergseen und auf Löwenmähnen, auf dem wundersamen Augenblick, wenn ein Schmetterling auf unserer Hand landet oder morgendliche Tautropfen ein Spinnennetz in ein juwelenbesetztes Kunstwerk verwandeln.

Unsere Augen ruhen auf etwas, das für uns unbeschreiblich schön ist und die Gefühle, die in unserem geweiteten Herz lebendig werden, sind einem anderen Menschen kaum mit Worten vermittelbar. Wie dieses Gefühl beschreiben, welches jenseits von allen Worten unser ganzes Sein einnimmt und alle unsere Grenzen auflöst?! Liebe macht nackt, schutzlos und verletzlich. Gleichzeitig macht Liebe uns unvergleichlich stark, schenkt uns eine innere Energie, die imstande ist, uns und andere an Orte fortzutragen, die wir nicht zu erträumen gedachten. Wenn wir lieben, möchten wir erkennen und erkannt werden. Wir wollen, dass der andere weiß, wer wir sind. Wer wir in unserem Inneren sind, jenseits von unseren Rollen und Masken, die wir üblicherweise tragen. Doch wie nackt wir auch sein mögen, wie nah wir einander auch kommen mögen, der Tanz, in dem wir uns befinden, lässt uns nicht gänzlich verschmelzen, lässt uns nicht alles erkennen. Monde stürzen auf Planeten, Planeten fallen in Sonnen - Gravitation, die den Tanz durchbricht, führt zu Zerstörung. Die Gravitation der Liebe ist ein Gleichgewicht, das immer wieder zu einem weiteren Tanzschritt führt. Die Drehung des Partners führt unsere Bahn weiter in den Raum hinaus und mit unserer Drehung ziehen wir unseren Partner mit in das Unbekannte, mit in das Geheimnis, welches wir nur erfahren, aber niemals in Worte fassen können. Sehnsucht lockt uns in die Weite, Schönheit wird die Melodie, zu der wir uns bewegen, Liebe lässt uns frei entfalten. „Niemals nackt genug, das Wesen des anderen zu erkennen“, wie Lee Pieper schreibt. Niemals so nah, dass wir alles wissen könnten, niemals so weit entfernt, dass uns die Schönheit nicht gewinnen könnte, dass uns das Geheimnis nicht locken könnte. Im Dunkel der Nacht beten wir einander an, während die Sterne sich voneinander entfernen, das Universum größer und größer wird.

Das, was wir lieben, nehmen wir in unseren Tanz mit hinein, ziehen es mit hinaus in die große Entfaltung. Das innerste Geheimnis des Kosmos ist die Liebe selbst, die alles miteinander verwebt, in der Schwebe hält und tanzen lässt.

Wir können niemals hoffen, alles zu verstehen – sowohl der Kosmos als auch Menschen, Tiere, Pflanzen, Steine teilen das Verborgensein im Geheimnis - , doch wir können uns von dem Gefühl der Verlockung öffnen lassen, uns trotz unserer mangelnden Kenntnis hinauswagen und tanzen. Wir können sehen ohne zu wissen, lieben ohne zu erkennen.

Der Segen des Lebendigen

Möge die Macht mit dir sein.
Obi-Wan Kenobi in *Star Wars*

Leider leben wir in einer Kultur, die den Wert des Segens, des Segnens und Gesegnet-Werdens nicht mehr wertschätzt. Der immanente Segen, der in jedem Moment aus der natürlichen Welt ausströmt, geht oftmals völlig an uns vorbei und auch unsere eigene Fähigkeit zu Segnen verliert sich immer mehr. Was bedeutet es, jemandem zu sagen „Mögest du gesegnet sein"?

Man wünscht dem anderen, dass sein Leben gelingen möge, dass all seine Unternehmungen gut ausgehen mögen, dass das, was er vorhat, seinem eigenen Wohl und dem Wohl aller Wesen dienen möge. Man wünscht Glück, Zufriedenheit und vermittelt ein Gefühl des Dazugehörens, des Aufgehobenseins. Man versichert sein Mitgefühl, seine Anteilnahme am anderen, die Wertschätzung des Weges, den der andere eingeschlagen hat. Ein Segen wirkt ermutigend und aufbauend, er versichert der anderen Person, dass sie in ihrem Bestreben nicht allein ist.

Dieser Segen kann mit Worten oder auch nonverbal erteilt werden. Gemeinsames Schweigen, ein offener Blick in die Augen, ein Druck der Schulter, eine Umarmung, ein Kuss können genauso wirken wie ein kunstvoll formulierter Segensspruch.

Die Natur ist die Meisterin dieser nonverbalen Segen. Rückenwind ist eine beliebte Metapher aber im richtigen Moment auch ein ganz konkreter Segen. Der Sonnenschein auf Ihrem Gesicht segnet Sie mit der Kraft und Wärme des Lebendigseins. Regen segnet die Felder und das, was wir anbauen, was uns nährt und uns die Möglichkeit gibt, unsere Kinder zu ernähren. Die Natur stellt uns in ihrer segensreichen Großzügigkeit alles zur Verfügung, was wir zum Leben brauchen: unseren Körper, unseren Geist,

Wasser, Luft zum Atmen, Pflanzen, Tiere, Mineralien, Vitamine, Aminosäuren, Schönheit.

Dieser Segen der Natur beginnt mit Ihrer Geburt, die einen ungeheuren Glücksfall darstellt. Wie leicht hätten sich Ihre Eltern nie begegnen können, wie leicht hätten sie sich trotz ihrer unwahrscheinlichen Begegnung entscheiden können, niemals Kinder zu bekommen, wie leicht hätte einer von beiden unfruchtbar sein können, wie leicht hätte also Ihre spezielle Kombination von Genen niemals entstehen können. Wenn Sie in diesem Augenblick leben, dann sind Sie das Ergebnis von 13,7 Milliarden Jahren komplizierter Vorgänge innerhalb der Evolution unseres Kosmos. All diese Jahre, all diese Entwicklungen und Veränderungen stehen hinter Ihnen. Ein 13,7 Milliarden Jahre alter Segen lässt Sie heute tief einatmen. Ein 13,7 Milliarden Jahre alter Segen lässt Sie heute um sich blicken und in Dankbarkeit eine Welt voller Schönheit wahrnehmen.

Der Himmel segnet Sie mit einer atembaren Atmosphäre, die Erde segnet Sie mit fruchtbarem Boden und Pflanzen, die als Nahrung dienen können. Die Tierwelt segnet Sie mit der Erfahrung der Andersartigkeit, der Fremdheit und einer tiefen inneren Verwandtschaft. Berge segnen Sie mit ihrer Schönheit, mit Herausforderung und unglaublichen Ausblicken. Meere segnen Sie mit dem Rhythmus ihrer Wellen, mit der Verlockung hinter ihren Horizonten und dem Salz auf Ihrer Haut. Die menschliche Gesellschaft segnet Sie mit Freunden und Verwandten, mit Menschen, die Ihnen wohlgesonnen sind, die Sie ermutigen, die bei Ihnen sind und die Sie lieben.

Wenn uns dieser permanente Segen des Lebendigen bewusst ist, wenn uns unsere eigene Lebendigkeit bewusst ist, können wir selbst zum Teil dieses Segens werden. Wir schenken Menschen ein Lächeln und erhellen ihren Tag, wir ermutigen unsere Kinder und befähigen sie zu einem selbstbestimmten Leben, wir atmen Kohlendioxid aus und nähren Pflanzen, wir schreiben Briefe oder E-Mails an weit entfernte Freunde und zeigen ihnen, dass wir an sie denken, wir führen Dialoge und hören wirklich zu, wir zeigen Anteilnahme und Mitgefühl, wir sind durch und durch menschlich.

Wir sind als Menschen geboren und menschlich zu sein ist unsere Natur. Wir brauchen nicht göttlich oder engelsgleich zu sein, wir müssen nur unsere Menschlichkeit leben, unsere Menschlichkeit lieben. Jeden Tag enthüllt sich der Kosmos ein Stück mehr, jeden Tag wirkt der Segen des Lebendigen weiter und weiter. Jeder einzelne von uns steht genau in der Mitte dieses Segens, gleichzeitig empfangend und weitergebend – wie alle Wesen in diesem Universum. Wir können einen Segen für uns selbst sprechen und ihn allen Wesen widmen:

> Mögen wir das große Geheimnis des Kosmos als unsere gemeinsame Quelle erkennen, mögen wir die Wirklichkeit als das Wirken ebendieser Quelle in und um uns herum spüren.
>
> Mögen unsere Sinne jeden Tag die Schönheit der Welt voll Staunen und Dankbarkeit erfahren. Und möge diese Erfahrung unsere Herzen weit und unsere Seelen offen machen.
>
> Mögen wir uns und unsere Menschlichkeit so sehr annehmen, dass wir den Segen des Lebendigseins weitergeben können. Mögen wir nicht der Angst erliegen, sondern unseren Weg in aller Freiheit gehen und den Weg aller anderen Wesen wertschätzen und segnen.
>
> Mögen wir uns von der Welt berühren lassen, wahrhaft in ihr sein und unsere Liebe wachsen lassen.

Der Segen schafft eine große Stille in uns. Wir sind Wanderer mit schlagendem Herzen, atmend, sehend.

Bäume strecken sich in den Himmel hinein und in die Erde herab. Vögel schweben zwischen Himmel und Erde. Und wir? Wir gehen gemeinsam ein Stück des Weges, welches sich heute für uns offenbart. Und morgen machen wir die nächsten Schritte. Ein jeder Schritt vollkommen, absichtslos liebend.

Der Segen der Endlichkeit

Everything is beautiful because everything is dying.
Justin Sullivan (New Model Army), *Autumn*

So wie das Leben uns segnet, segnet uns auch unser Tod. Er begleitet uns auf unserer Reise, immer einen Schritt hinter uns und gemahnt uns, den jeweiligen Moment zu genießen, da seine bleiche Gestalt uns jederzeit einholen könnte.

„Sage mir, was willst du tun mit deinem einzigen, wilden und kostbaren Leben?“, fragt die Dichterin Mary Oliver, deren Poesie uns in so vielen naturspirituellen Büchern begegnet. Ist es uns wirklich bewusst, dass dieses Leben unser einziges sein könnte? Dass wir aus der Dunkelheit kommen könnten, einen Kreis vollenden, indem wir unseren eigenen Frühling, unseren eigenen Sommer, Herbst und Winter erleben und dann in die Dunkelheit zurückkehren? Ist uns bewusst, dass unser Leben und unsere Möglichkeiten JETZT sind oder verschieben wir die Sehnsucht unseres Herzens auf eine Jenseitsvorstellung oder die vage Idee einer Reinkarnation?

Unsere Hoffnung mag sein, dass wir im großen Kreislauf des Lebens immer wieder die Chance haben, von vorn zu beginnen, dass wir erneut keimen, knospen und aufblühen. Das Leben als solches bewegt sich sicherlich in dieser Kreisform. Doch ob unser persönliches Erleben auch nach unserem physischen Tod Bestand hat, können wir mit Recht bezweifeln.

Für Mary Oliver haben wir nur ein einziges Leben – ein Leben, das einzigartiger Bestandteil des großen Kreises ist. Ein Leben, das niemand außer uns führen kann. Ein Leben, in dem wir so fühlen, lieben, lachen, weinen und staunen können wie niemand sonst auf dieser Welt.

Gleichzeitig spricht Mary Oliver von einem wilden Leben – ein Leben, welches dem Ruf des eigenen Herzens folgt und sich Ausdruck jenseits unserer Konventionen und Komfortbereiche verschafft. Ein Leben, das sich nicht domestizieren lässt, seinen eigenen Rhythmus findet und zu diesem einen Tanz vollführt, dessen innere, poetische Ordnung wir selbst hervorbringen. Mit dieser wilden Poesie unseres Herzens schenken wir uns selbst Sinn, welcher uns mit Freude und Kraft erfüllt.

Letztlich ist es ein kostbares Leben – ein Leben, in dem jeder Tanzschritt, jede Entscheidung, jedes Wort und jede Tat von Bedeutung sind. Jeder Blick in den Himmel, jedes Fühlen der Erde unter unseren Füßen, jeder Traum und jede Vision, jeder tätige Moment und jedes Innehalten sind einzigartiges und wichtiges Teilstück des großen Mosaiks des Seins.

Der Mensch sehnt sich nach Ewigkeit, nach dem Überdauern seines persönlichen Empfindens, nach dem Fortbestand seiner Identität. Diese Sehnsucht ist Grundmotivation jeden Glaubens. Immer geht es darum, dass ICH nicht ende.

Die Angst vor der endgültigen Auslöschung treibt uns in Hoffnungen und Ideologien, deren Wahrheitsgehalt oder Wahrscheinlichkeit wir nicht mehr hinterfragen. Wie Kinder schließen wir die Augen und hoffen, dass der Tod uns nicht sieht.

Geht es auch anders? Können wir dem Tod ohne Fantasiegebilde entgegentreten, einen Schritt in das Unbekannte wagen und in diesem Schritt die Vollendung unserer Lebensreise entdecken?

Der Tod ist ein Bereich äußersten Nicht-Wissens. Die Begegnung mit ihm erfordert allen Mut, den wir aufbringen können.

Das Annehmen unserer Endlichkeit und der Abschied von allem gehen einher mit einem sehr bewussten und schonungslosen Betrachten unseres Lebens mit allen Höhen und Tiefen. Ein gelebtes Leben, ein gutes, wildes Leben, mit Schmerzen und großer Freude, mit Angst und Befreiung, mit guten und schlechten Entscheidungen und großer Liebe – all dies nun verstanden im Angesicht des Übergangs ohne Wiederkehr. All dies angenommen und vollendet, der Tod als letztes Kapitel, als Schlussakkord eines berührenden Liedes empfunden.

Können wir diesen letzten Abschnitt unserer Reise völlig nackt antreten? Nackt im Geiste – ohne Vorstellungen über ein Leben *nach* dem Tod, aber mit einem Wissen und Verständnis über unser Leben *vor* dem Tod? Können wir unser Leben, wenn es zu Ende geht, anschauen, es gutheißen und es in Frieden mit uns und der Welt hingeben?

Der Tod ist die Grenze unseres Lebens. Ihn zu erfahren ist der Abschluss all unserer vorherigen Erfahrungen, er ist das endgültige Zeichen des nicht mehr wiederholbaren Moments. Nichts kann mehr rückgängig gemacht, nichts wieder „gut gemacht" werden. Wenn der Tod kommt, müssen wir unser Leben zu einem guten Ende gebracht haben.

Da der Tod *jederzeit* kommen kann, zwingt er uns als unausweichlicher Teil des Lebens in einen Reifeprozess. Denken wir über den alten lateinischen Sinnspruch „Mors certa, hora incerta" (Der Tod ist gewiss, seine Stunde aber ungewiss) nach, so führt uns die Aussicht auf das Ende des Lebens ins Leben selbst. Da die Momente mit Sicherheit enden werden, ist jeder einzelne von ihnen unendlich kostbar und angefüllt mit seiner ihm eigenen Ewigkeit, die wir nutzen sollten.

Wären wir unsterblich, dann hätte die Entschuldigung bei unserem Freund noch ein paar Millionen Jahre Zeit. Würden wir niemals enden, dann könnten wir unserem scheinbaren Widersacher auch noch in Äonen die Hand reichen. Alles hätte unendlich Zeit, vor allem die Worte „Danke", „Ich verzeihe dir", „Ich verzeihe mir" und „Ich liebe dich".

Jeder einzelne Schritt unseres Lebens kann ein Lehrmeister sein. Manche dieser Lehrmeister sind sanft, andere grob. Manchmal werden wir verletzt, manchmal verletzen wir andere Menschen. Wir singen unseren Teil des Liedes – manche Strophen voller Wohlklang und Heilung, manche Strophen disharmonisch und zerstörerisch.

Vergebung für uns selbst aufzubringen, fällt uns schwer – doch gerade diese Vergebung bringt letztlich große Erleichterung und Frieden mit sich.

Geht es uns nicht allen so, dass die Dinge, die wir hätten besser machen können uns manchmal nicht ruhen lassen? Welche Trauer ist in unseren Herzen? Welchen Schmerz blenden wir aus oder überspielen ihn?

Die Tatsache, dass der Tod immer einen Schritt hinter uns ist, sollte uns lehren diese Dinge anzuschauen, anzunehmen, mit ihnen zu arbeiten und uns selbst und andere von dieser Last zu befreien. Und ist nicht genau JETZT diese Zeit, da wir dazu noch in der Lage sind?

Den Moment zu schätzen und ihn nicht achtlos vorbeiziehen zu lassen – das lehrt uns der Tod durch seine Anwesenheit. Wenn wir dem Tod und seinen Konsequenzen auszuweichen versuchen, weichen wir auch uns selbst und dem Leben aus. Fantasien über die biologische Unendlichkeit unserer Körper und religiöse Gedankengebilde über ein seelisches Fortbestehen nach dem Tod lassen uns das Leben nicht so sehen wie es IST, sondern wie es unserer Meinung nach sein SOLL.

Das Jenseits der Religionen war schon immer ein beliebter Zufluchtsort auf der Flucht vor der Realität und wird nun in manchen Fällen von einer technologischen Hoffnungsmaschinerie ersetzt, die meint, mit Hilfe von Nanotechnologie oder Kryonik den Tod zu überlisten. Beides ist Glauben, welcher nicht den Mut zum Nicht-Wissen hat.

Doch wir sind begrenzt. In unserer Wahrnehmung ebenso wie in unserer Lebensspanne. Wir müssen uns trauen zu sehen: Jetzt bin ich, doch morgen bin ich vielleicht schon nicht mehr. Wie habe ich gelebt und was fehlt mir noch auf meiner Reise? Was fehlt mir zum Sprengen meiner Grenzen, zum Beenden meiner Angst, zum rückhaltlosen Lieben, zu wirklicher Hingabe, zum wirklichen Aufwachen, bevor ich meine Augen für immer schließe? Wir brauchen den Mut zu sagen: Ich weiß nicht, was nach meinem Tod sein wird, deshalb richte ich meine Aufmerksamkeit auf mein Leben wie es sich mir jetzt präsentiert und lebe es so gut wie ich kann und mit allem, was ich habe und bin. Voller Einsatz, keine Ausreden!

Unsere Endlichkeit schenkt uns die Notwendigkeit der Reifung. Sie schenkt uns den Moment, der niemals wiederkehrt, das Bewusstsein der Einzigartigkeit jedes Atemzugs. Und sie schenkt uns den Augenblick des Übergangs in das völlig Unbekannte. Der Tod ist die letzte Herausforderung, mit der wir umgehen müssen. Das Durchschreiten des Dunklen Tores, welches uns vorab keinen Einblick in das Dahinterliegende gewährt und von dem wir dennoch wissen, dass es ein wichtiger Teil des Lebens ist. Wir können uns fragen, ob wir den Tod technisch oder religiös besiegen wollen oder ob der Tod für uns ein siegreiches Durchschreiten jenes Tores ist und ob so das Sterben nicht Hingabe an das Leben in letzter Konsequenz sein kann.

Nicht-Wissen, Nicht-Hoffen, Nicht-Spekulieren machen uns frei. Wir sind nackte Wanderer, die mit unserem Tod die weißen Flecken auf der Karte des menschlichen Bewusstseins betreten. Irgendwann. Wenn das gewiss ist, der Zeitpunkt aber ungewiss – was ändert das in unserem Leben?

Für kurze Zeit hinterlassen wir eine Spur im Kosmos, denn wir berühren die Erde, wir berühren die Wesen auf ihr – die Pflanzen, die Tiere und die Menschen. Wir können inspirieren und uns inspirieren lassen, die Kraft einer einzelnen Frage von Mary Oliver oder die schöpferischen Worte vieler anderer großartiger Menschen auf uns wirken lassen. Wir selbst können Worte schreiben oder sprechen, die im Inneren anderer Menschen eine Flamme entzünden. Wir können die Zerbrechlichkeit des Lebens und seine immense Zärtlichkeit in uns spüren und diese Zärtlichkeit durch unser achtsames Sein an die Welt zurückgeben. Jedes Wesen, das stirbt, war sein eigenes Wunder, welches für eine gewisse Zeitspanne aufschien, wirklich hier war, mit anderen Wesen verbunden war und unseren Kosmos um eine entscheidende Facette bereicherte.

Vielleicht hört eines Tages einfach alles für uns auf, vielleicht werden wir etwas anderes in diesem Kreis des Lebens. Doch jetzt ist unsere Zeit, in der wir uns entfalten und uns vom Leben gänzlich durchdringen lassen können. In einem Kreis der Verbundenheit können wir berühren und uns berühren lassen. Möge uns mit jedem Herzschlag und mit jedem Atemzug bewusst werden, wie einzigartig, wild und kostbar unser Leben sein kann!

Schlussbemerkung

Die Zukunft soll man nicht voraussehen wollen,
sondern möglich machen.
Antoine de Saint-Exupéry

Wir sind die Welt. Wir, die wir zum jetzigen Zeitpunkt leben, wahrnehmen und mit unserer Kreativität erschaffen, machen diesen Teil des Kosmos aus. Wir füllen unseren jeweiligen Platz mit unserem Leben.

Die Geschichten, die wir über uns, die Welt und unseren Platz in ihr erzählen, bestimmen unser Sein und die Ausgangsposition der uns nachfolgenden Generationen. Unser Leben und unsere Weltsicht können ermutigend sein oder destruktiv wirken.

Die Zukunft, die wir schaffen kann wild und frei sein – wenn wir das wollen. Unsere Zukunft kann von Angst vor dem Unbekannten bestimmt sein oder von der Freiheit einer Reise voller Entdeckungen. Wir können vor dem Unbekannten erschrecken, es entmenschlichen, es verteufeln und verdammen, versuchen, es zu verbieten und ihm auch in unserem Inneren ausweichen. Oder wir können das Unbekannte mit neuen Augen betrachten. Augen, die sehen ohne sich genötigt zu fühlen, eine Schublade zu öffnen oder eine andere zu schließen.

Angst ist ein tiefer Schlaf – Freiheit ist das Erwachen aus diesem Schlaf.

Starre politische Ideologien und religiöse Dogmen bauen stets auf Angst auf, durch die wir nur zu gern bereit sind, unsere Freiheiten zu opfern. Wir geben unser wertvollstes Gut auf, um einer scheinbaren Bedrohung Herr zu werden. Wir wollen Ordnung ins Chaos bringen und stellen damit vermeintliches Wissen über unseren Forscherdrang. Wir geben anderen Macht über uns, die uns versprechen, dass sie uns vor dem, was uns ängstigt, beschützen können. Dass jene die Angst schüren, die uns so bereitwillig in ihre Arme treibt, scheinen wir oft nicht zu sehen. Doch nur wir allein können Schritte ins Unbekannte machen und es nach und nach entdecken. Nur wir können lieben, nur wir können sehen, nur wir können segnen, nur wir können sterben. Niemand kann diese Dinge für uns tun. In den wirklich entscheidenden Momenten des Lebens sind wir allein. Was wie eine große Bürde klingt, ist in Wahrheit jedoch der Raum, den unser Innerstes zum Atmen braucht. Freiheit weitet diesen Raum. Die Freiheit, Neues zu denken und Althergebrachtes zu hinterfragen, scheinbar Unmögliches zu träumen, gegen den Strom der Konformität zu schwimmen, Gewagtes zu tun und den eigenen kurzfristigen Vorteil zurückzustellen.

Naturwissenschaftliche Entdeckungen und technologische Entwicklungen schreiten immer schneller voran und mit ihnen kommen Dinge auf uns zu, die wir uns heute nur mit viel Mühe oder aber noch gar nicht vorstellen können. Je mehr wir in der Lage sind zu tun, zu erreichen, zu verändern, desto größer ist auch unsere Verantwortung, desto mehr gilt es, unsere Fähigkeiten zum Wohle aller einzusetzen. Je mehr wir in der Lage sind, zu forschen und zu staunen, desto stärker werden wir in die Weite gelockt, desto mehr definieren wir uns durch unsere Möglichkeiten anstatt durch unsere Grenzen. Je mehr wir in der Lage sind zu lieben und still den Wind auf grünen Hügeln genießen zu können, desto mehr werden wir von einem geheiligten Kosmos durchdrungen.

Wir entdecken mehr vom Kosmos und mehr von uns selbst. Wir entdecken im eigenen Mikrokosmos und im Makrokosmos die gleiche Unendlichkeit.

Ohne Angst sind wir fähig, immer mehr in die Tiefe zu wachsen, nachhaltig zu sein, anderen Menschen und anderen Lebensformen die gleichen Rechte wie uns selbst zuzugestehen.

In was für einer Gesellschaft wollen wir leben? Wie stellen wir uns die Welt in 200 Jahren vor? Welche Samen wollen wir pflanzen? Unsere Zukunft ist die gemeinsame Frucht, die aus unseren Handlungen und Gedanken erwächst und die wir an unsere Kinder und Enkel weiterreichen. Werden wir ihnen die gleichen alten Geschichten erzählen, die uns erzählt wurden oder haben wir den Mut, selbst ein neuer Anfang zu sein und die Veränderung, die unser Leben dem Kosmos schenkte, in ihre Hände zu legen, damit sie selbst einen Tanzschritt machen können, auf den wir selbst nie gekommen wären?

So wie das Universum sich aus dem Nichts ins Sein gewagt hat, so können wir uns jeden Tag in unsere Existenz vorwagen. Wir tragen alles in uns, was uns dazu ermächtigt, unsere eigenen Lieder zu singen, unsere eigenen Helden zu sein, unsere eigene ganz und gar menschliche Spiritualität zu entwickeln und immer wieder neue Wege zu gehen.

Wir können lächelnd einatmen und wissen: Nur jenseits aller ausgetretenen Pfade riecht die Erde frisch.

Wer immer du bist, gleich, wie verlassen,
die Welt bietet sich deiner Phantasie dar,
ruft dich wie die wilden Gänse, mit rauer, aufregender Stimme –
immer wieder, und verkündet dir deinen Platz
in der Familie aller Dinge.
Mary Oliver

Danksagung

Auch wenn das Schreiben eines Buches meist als recht einsame Erfahrung geschildert wird, ist es doch nie ein einzelner Mensch, der ein Buch schreibt. Die Verbindungen zu anderen Menschen sind zu stark, als dass sie keinen Einfluss auf den Schreibenden hätten. Deshalb möchte ich an dieser Stelle den Menschen danken, die mich in meinem Leben inspiriert und die somit direkt oder indirekt Anteil an diesem Buch haben.

Herrmann Meyer hat mir, als ich noch sehr klein war, seine Bücher über die Frühzeit unserer Erde, die Frühzeit der Menschheit und über unser Sonnensystem geliehen. Das, was mich als Kind an diesen Dingen faszinierte, hat mich seither nicht mehr losgelassen und so haben er und seine Bücher mich auf eine offenbar lebenslange Reise geschickt.

Caja und Lale Behrmann haben soviel Staunen und Lachen in mein Leben gebracht, dass ich ihnen nie genug danken können werde. Ich bin froh und stolz ihr Vater sein zu dürfen.

Arno Gerkowski ist der Buchhändler meines Vertrauens und zudem der beste Freund, den man sich wünschen kann. Mit ihm kann man reden und schweigen – und beides ist stets bereichernd. Seine Bemerkungen zum Manuskript haben mich in unterschiedlichen Phasen des Schreibens immer wieder inspiriert.

Mit Philip Carr-Gomm, Séan ÓLaoire und Wolf-Dieter Storl führte ich Gespräche, die meinen Geist öffneten und mich zugleich erdeten. Sie haben mir gezeigt, wie wichtig Wurzeln sind, wenn man wachsen will.

Marco Gnas war immer der Freund, vor dem einen die Eltern eindringlich warnen. Das war eine gute Zeit und ich hoffe, wir werden noch im Altersheim gemeinsam „Vagabonds“ singen.

Die Musik, die ich mit Andreas Bethge, Henning Cordes, Horst Krückemeier, René Keber, Simon Laufen, Tobias Ihl, Sven Ludewig, Markus Hülsewede, Til Runge, Christian Köhler, Björn Gaus, André Müller, Marc Jürgen, Daniel Austmeyer und Gerit Lamm machen durfte und darf, hat mich stets getragen. Wenn mir auch manchmal die Ohren klingelten, das war und ist es wert! Ebenso danke ich allen VIATORES und der Trommelgruppe in Bielefeld, die mit ihrer Kreativität so großzügig umgehen und immer daran interessiert sind, es richtig krachen zu lassen.

Stefan Ulbrich hat mir viel Vertrauen entgegengebracht. Ohne ihn hätte dieses Buch wohl noch ein paar weitere Jahre vor sich hingedümpelt. Und ohne seine E-Mails und die stundenlangen Telefonate hätte ich sehr viel weniger zu lachen!

Auch den Autoren, die ich leider nie kennengelernt habe und deren Lektüre mich dennoch sehr bewegte, möchte ich meinen Dank aussprechen: Ralph Waldo Emerson, Henry David Thoreau, Walt Whitman, John O'Donohue, Rudolf Marko, E. Annie Proulx und Sherman Alexie. Meine Welt wäre ohne ihre Werke eine andere!

Und zu guter Letzt möchte ich Jennie Appel danken: Für ihre Geduld während des Schreibprozesses (ich weiß, das war nicht immer einfach!), für ihre gezeichneten Randnotizen, mit denen sie die erste Version des Manuskriptes versah, und vor allem und ganz besonders für ihre Nähe, die mein Leben mit so viel Liebe erfüllt. Wenn sie ein Ozean wäre, ich würde den ganzen Tag in ihr schwimmen wollen!

Empfohlene Literatur

Kosmologie

Thomas Berry & Brian Swimme: *Die Autobiographie des Universums*, Diederichs Verlag, München 1999

Brian Swimme: *Das Universum ist ein grüner Drache*, Aurum Verlag, Bielefeld 2007

Brian Swimme: *Das verborgene Herz des Kosmos*, Claudius Verlag, München 1997

Rémi Brague: *Die Weisheit der Welt*, C.H. Beck, München 2006

Hans-Peter Dürr: *Geist, Kosmos und Physik*, Crotona Verlag, Amerang 2010

Duane Elgin: *Das lebendige Universum*, Reichel Verlag, Weilersbach 2010

Harald Lesch & Jörn Müller: *Kosmologie für Fußgänger*, Goldmann Verlag, München 2001

Natur & Mensch

Bill Plotkin: *Natur und Menschenseele*, Arun Verlag, Uhlstädt-Kirchhasel 2010

Wolf-Dieter Storl (im Gespräch mit Dirk Grosser): *Unsere Wurzeln entdecken*, Aurum Verlag, Bielefeld 2009

Thomas Berry: *Das Wilde und das Heilige*, Arun Verlag, Uhlstädt-Kirchhasel 2011

Mark Rowlands: *Der Philosoph und der Wolf*, Rogner & Bernhard, Berlin 2009

John Gray: *Von Menschen und anderen Tieren*, Klett-Cotta, Stuttgart 2010

Ina Mahlstedt: *Die religiöse Welt der Jungsteinzeit*, Theiss Verlag, Stuttgart 2004

Richard Leakey: *Die ersten Spuren*, Goldmann Verlag, München 1999

Religion & Religionskritik

Richard Holloway: *Die Dunkelheit zwischen den Sternen*, Goldmann Verlag, München 2007

Sam Harris: *Das Ende des Glaubens*, Edition Spuren, Winterthur 2007

Eric Maisel: *Atheist*, Arun Verlag, Uhlstädt-Kirchhasel 2011

Michael Schmidt-Salomon: *Das Manifest des evolutionären Humanismus*, Alibri Verlag, Aschaffenburg 2006

Christopher Hitchens: *Der Herr ist kein Hirte*, Karl Blessing Verlag, München 2007
André Comte-Sponville: *Woran glaubt ein Atheist?*, Diogenes Verlag, Zürich 2008

Naturspiritualität

Philip Carr-Gomm: *Weisheit der Natur*, Aurum Verlag, Bielefeld 2009
Philip Carr-Gomm: *Das Druidcraft Buch*, Aurum Verlag, Bielefeld 2010
Vivianne Crowley: *Phoenix aus der Flamme*, Edition Ananael, Bad Ischl 1995
Prudence Jones & Nigel Pennick: *Heidnisches Europa*, Arun Verlag, Uhlstädt-Kirchhasel 1997
Wolf-Dieter Storl (im Gespräch mit Dirk Grosser): *Schamanentum*, Aurum Verlag, Bielefeld, 2010

Meditation & Mystik

Toni Packer: *Das Wunder des Jetzt*, Theseus Verlag, Berlin 2004
Clark Strand: *Einfach meditieren*, Fischer Verlag, Frankfurt 2000
Seán ÓLaoire: *Seelen auf Safari*, Aurum Verlag, Bielefeld 2007
Willigis Jäger: *Die Welle ist das Meer*, Herder Verlag, Freiburg im Breisgau 2000
Chögyam Trungpa: *Das Buch vom meditativen Leben*, Rowohlt Verlag, München 1991
Peter Fenner: *Reines Gewahrsein*, Aurum Verlag, Bielefeld 2008
Shunryu Suzuki: *Zen-Geist, Anfänger-Geist*, Theseus Verlag, Berlin 1975

Leben & Sterben

Stephen Levine: *Wege durch den Tod*, J.Kamphausen Verlag, Bielefeld 1997
Scott Eberle: *Das Lied der dunklen Göttin*, Arun Verlag, Uhlstädt-Kirchhasel 2011
Joan Halifax: *Im Sterben dem Leben begegnen*, Theseus Verlag, Bielefeld 2011